J'ai lu la vie !

LES SECRETS
DE L'ORCHIDÉE

Anne-Marie Cellier et Paul Starosta

Lorena Bourdages.

Que diriez-vous de pouvoir cultiver sur votre balcon une magnifique orchidée, cette fleur de légende, précieuse et mystérieuse ?
C'est à votre portée : en lisant ces pages, vous saurez comment domestiquer cette beauté sauvage réputée inaccessible, le savoir-faire et les gestes simples qui feront de vous un orchidophile mordu.
Nous vous dévoilerons tous les secrets de ces merveilleuses «fleurs de paradis», «sabots de Vénus» ou «fleurs de Jésus». Vous verrez des orchidées se métamorphoser en insectes ou devenir luminescentes pour pouvoir se reproduire.

*Vous admirerez les pourpres,
les ors et les crèmes de leurs
couleurs et serez déconcertés
par leurs parfums, tantôt
subtils, tantôt capiteux...
Nous vous emmenons à la*

*découverte de la plus magique
des fleurs, qui depuis la
mythologie a suscité bien des
passions et bien des
tragédies...
Aujourd'hui, l'orchidée est à
la mode. Alors, laissez-vous
envoûter !*

Le Phalaenopsis : un
exemple d'orchidée
spectaculaire, mais
néanmoins facile à
cultiver.

Anne-Marie Cellier
et Paul Starosta

IL ÉTAIT UNE FOIS L'ORCHIDÉE

D'APRÈS LA LÉGENDE TOUT COMMENÇA SUR L'ÎLE DE JAVA.

Un jour, en terre d'Indonésie, apparut sur un rocher moussu une magnifique déesse couverte d'une lumineuse écharpe de soie. Injuriée et chassée, elle dut se réfugier au plus profond des forêts noires. Attristée par tant de méchanceté et de grossièreté, elle se para de l'écharpe céleste vert et or et regagna les cieux pour toujours… Mais dans les forêts sombres, sur le rocher de mousse et partout où elle avait déposé son voile, naquirent des fleurs aux feuilles toutes de soie et de soleil : les Macodes petola. L'orchidée était née.

En Grèce, la mythologie dit que le Cosmosandalon (sandale du monde) était la fleur favorite de la très belle déesse Cérès.

On raconte qu'au Moyen Âge une basilique détenait une statue de l'Enfant-Christ des plus prodigieuses. Elle faisait miracle sur miracle. Un moine, fou d'adoration, déroba dans un moment d'égarement un bras de l'Enfant-Dieu. Désespéré par son larcin sacrilège, il l'enfouit profondément sous terre et rendit l'âme aussitôt. Un an plus tard, au même endroit, naissait une fleur de couleur pourpre à la racine en forme de main d'enfant...

Dans le monde entier on parle d'elle, on écrit sur elle et on lui donne un nom évocateur. Ainsi, au Pérou, le Sobralia dichotoma s'appelle fleur du paradis. Au Mexique, le Lælia acuminata est la fleur de Jésus et au Guatemala, le Cattleya skinneri s'intitule fleur de saint Sébastien. Enfin, en France, très exactement en Savoie, notre sabot de Vénus porte le nom plus chaste de sabot de la Vierge. On la baptise encore de mille noms curieux et imagés : fleur des rois à cause de sa couleur souvent spectaculaire et de son prix ; fille de l'air, parce qu'elle vit très souvent sur la cime des arbres ; et singe du règne végétal, parce que certaines espèces ressemblent d'une façon curieuse à cet animal.

*L*e Cypripedium Calceolus (Cypripedium C.) ou Sabot ⬚ ⬚nus, est l'une des plus belles plantes sauvages qui poussent en France dans des forêts assez claires de feuillus ou de conifères, jusqu'à 2 000 m d'altitude. Elle préfère les sols calcaires. Elle pourrait rivaliser avec bien des orchidées tropicales. Si au cours d'une promenade vous la rencontrez, ne cueillez pas ses fleurs, elle est strictement protégée car, victime de sa beauté, elle est devenue très rare. De même n'espérez pas acclimater dans votre jardin des spécimens sauvages, ils périraient à coup sûr. Quelques horticulteurs spécialisés proposent des C. calceolus qui proviennent de souches depuis longtemps cultivées ainsi que quelques autres espèces rustiques provenant d'Amérique du Nord et d'Asie. Ceux-ci sont beaucoup plus faciles à acclimater avec succès.

L'histoire même de l'orchidée est une légende, et des plus fabuleuses...

L'orchidée à travers les siècles.

195 millions d'années avant la venue de l'homme sur la terre, l'orchidée fleurissait dans le Bassin méditerranéen. Des fossiles découverts depuis peu le prouvent. Puis, c'est en Extrême-Orient que l'on retrouve sa trace. En Chine, au XXVIIIe siècle avant J.-C., un ouvrage médical de l'empereur Shen Nung donne une description très détaillée d'une Bletilla hyacinthina et d'un Dendrobium. Toujours en Chine, dans le *Livre des mutations*, premier livre philosophique, on prête à Confucius (555-479 avant J.-C.) ces lignes : « Les mots échangés entre amis au même cœur sont aussi exquis que l'arôme du ian ». Lorsque l'on connaît la signification du mot ian, orchidée, comme vous l'aviez sans doute deviné, on comprend la place importante que revêt pour ce pays, adepte du beau et du raffiné, cette fleur si subtile. Les Japonais la baptisèrent « ran » ; et « fu ran » fut celle qui avait la faculté, dit la légende, de donner longue vie aux hommes. Élevée au rang de divinité par les Orientaux, qui lui prêtèrent maints pouvoirs (fécondité, richesse...), elle fleurit encore aujourd'hui les lieux de culte. En

Europe, ce fut beaucoup plus tard qu'elle fit son entrée dans la société. Mais alors, quelle révélation !

L'Europe et l'orchidée : une fabuleuse histoire d'amour.

Théophraste, philosophe grec (372-287 avant J.-C.), en parlant pour la première fois des « orkhis » dans son livre *Histoire de plantes,* donne son nom à l'orchidée et en révèle ainsi l'existence. Le mot grec « orkhis » signifie « testicule » et désigne les tubercules souterrains que porte notre plante au milieu de ses racines. Toujours en Grèce, mais beaucoup plus tard, le médecin Dioscoride compose à partir de ces mêmes tubercules des recettes plus incroyables les unes que les autres. La plus connue combat non seulement la stérilité, mais permet de choisir le sexe de son enfant. D'autres, à base de graines et de racines, sont utilisées pour traiter le manque d'appétit sexuel, les tumeurs, les ulcères, les inflammations et, comme produit de beauté, pour effacer les rides. À cette époque férue de superstition et de médecine par les plantes, on propose pour guérir des herbes, qui, soit par leurs couleurs, soit par leurs formes, suggèrent une partie du corps humain. Ainsi, pour combattre l'anémie, on se sert des racines du Sanguinaria

VOULEZ-VOUS UN GARÇON OU UNE FILLE ?

(d'après une recette de Dioscoride, médecin grec du Ier siècle)
Cueillez en mai ou en juin des Satyrium et faites revenir les tubercules comme des échalotes. Les hommes qui mangeront les plus gros engendreront un garçon et les dames qui désirent une fille choisiront les plus petits.

UNE PLANTE DIABOLIQUEMENT VÔTRE

L'orchidée a mille pouvoirs. Bientôt vous serez envoûté par sa beauté, ses dons bienfaisants et ses mystères...

Si vous êtes gourmand et goûtez fort la cuisine orientale, faites comme les Malaisiens ou les Javanais, qui à partir des tubercules et des racines de Habenaria préparent des mets succulents.

Au Brésil, les fruits des Leptotes bicolor rendent divines les crèmes glacées. A l'île Maurice, une recette traditionnelle consiste à faire mariner des feuilles de Renanthera moluccana. Et si vous avez un petit creux, comme Dioscoride le prescrivait au Ier siècle, extrayez de l'Orchis papilionacea une farine très nutritive, le salep. Après ce festin, servez-vous une bonne infusion à base de feuilles de Jumellea fragrans, native de la Réunion ou de l'île Maurice, elle facilitera votre digestion.

Un petit peu de musique... Sachez que certains Cyrtopodium d'Amérique latine possèdent une gomme qui sert à enduire les cordes des instruments de musique... Désirez-vous fabriquer une pipe ? Utilisez les pseudo-bulbes de Lælia thomsoniana ; une trompette ? Recueillez ceux de Lælia tibicinis...

Mais voici que vous tombez malade. Heureusement nos orchidées sont là et avec elles de fabuleux remèdes. Empoisonné, vite Bletia tuberosa ; notre petite Antillaise est là... Mal aux dents, faites comme en Amérique du Nord, utilisez l'Arethusa bulbosa... Des problèmes rénaux, alors, comme les Chiliens, récoltez les racines de Spiranthes diuretica...

De la fièvre, n'attendez pas ! Dendrobium nobile vous soulagera... Vous êtes atteint d'épilepsie, pensez au Cypripedium guttatum... Des problèmes de peau, faites comme en Chine, prenez comme émollient la Bletilla striata et, du même coup, exposez-la dans votre salon.
C'est un plaisir des yeux.
Alors, conquis ?

canadensis dont la couleur rouge vif évoque celle du sang. Pline d'abord, Galien ensuite écrivent sur l'orchidée, proposent des recettes. Ces croyances sévissent jusqu'au XVIIᵉ siècle où les botanistes profitent de l'engouement des voyages pour étudier de nouvelles espèces. Treize européennes sont ainsi découvertes. Elles sont répertoriées et représentées à l'aide d'un procédé tout neuf : la gravure sur bois. Dès le XVIIIᵉ siècle, l'orchidée est le symbole d'un certain statut social. Le Neofinetia falcata, par exemple, fut longtemps la fleur de la noblesse. En 1731, on rapporte de l'île de la Providence la première orchidée exotique : Bletia verecunda, « terrestre portant des fleurs roses ou pourpres sur des hampes atteignant 1 m de haut ». C'est le point de départ de la passion extraordinaire que l'on vouera désormais à ces espèces tropicales. Toujours au goût de la médecine du jour, un écrit affirme que « le mucilage abondant et sain des bulbes satisfait l'estomac le plus exigeant ». Ces plantes servent également de tonique et de reconstituant que l'on prescrit surtout aux vieillards. C'est aussi à cette époque que les missionnaires férus de botanique, tout en prêchant la bonne parole, se passionnent pour l'étude de nos fleurs. Commence bientôt une ère nouvelle et fantastique : l'ère de l'orchidomanie.

LES ORCHIS BOUC : DES ORCHIDÉES AU PARFUM DE SOUFRE

John Parkinson, herboriste du XVIIᵉ siècle, dans son livre *Theatrum Botanicum,* nous les décrit en ces termes : « Non seulement elles ont l'odeur forte du bouc, mais la plupart ont des longues queues semblables à des barbiches. » D'où la croyance que les orchidées, en vraies filles du diable, naissent du sperme perdu d'animaux...

Les premières collections ou l'orchidomanie.

Un jour, un cultivateur anglais, William Cattley, reçoit de l'étranger un colis emballé dans de mystérieuses plantes. En bon jardinier curieux, il plante ce « mystère » et, ô merveille, en novembre 1818, une fleur s'épanouit, magnifique et si complexe dans sa morphologie qu'elle suscite aussitôt un intérêt considérable. John Lindley (1795-1865) la baptise Cattleya en hommage à son inventeur et labiata (du latin labium, lèvre) au vu de l'opulence de son labelle (pétale). John Lindley est le grand spécialiste de son époque. Il publie un grand nombre d'ouvrages, parmi lesquels *Genera et species of Orchidaceous plants,* et fonde une revue, « La Chronique du jardinier », en 1841. Déjà, l'orchidomanie sévit et des collections voient le jour un peu partout. Dès 1760, maintes espèces fleurissent dans le jardin botanique de Kew, en Angleterre. C'est aussi en Angleterre (mais en 1739) que fut réussie la première bouture de vanille.

UNE DÉNOMINATION EN DEUX TEMPS
Tous les êtres vivants sont classés en espèces. Chaque espèce porte deux noms : le premier est le nom du genre, le second le nom de l'espèce. Les espèces très voisines sont regroupées sous le même nom de genre ; chacune possède donc un nom particulier. La famille des orchidées comprend 30 000 espèces connues, regroupées en 700 genres (Cymbidium, Cattleya, Dendrobium, Phalœnopsis, Paphiopedilum...). Donc, lorsque l'on parle d'un Paphiopedilum, il s'agit d'une espèce qui a comme nom de genre Paphiopedilum. Par exemple : Paphiopedilum bellatulum.

La fièvre de l'orchidée.

En 1840, on dénombre déjà 3 000 espèces. Il est de bon goût de les collectionner. Le duc William George

LA VANILLE

LA MEILLEURE DES ORCHIDÉES
Vaina ou petite gousse en espagnol... Les Indiens appelèrent Fleur noire... la vanille : l'orchidée la plus alléchante ! Elle entre en Europe en 1510, mais n'est cultivée avec succès qu'à partir de 1739 chez Micler en Angleterr. Parmi les 110 espèces connues, seule la Vanilla fragrans, originaire du Mexique où elle croît dans les forêts humides, est cultivée dans de nombreux pays tropicaux. Plante grimpante pouvant dépasser 30 m de long, ces fleurs jaune verdâtre donnent naissance à des fruits vert clair, longs de 15 à 22 cm. Dans la nature, les fleurs des vanilles sont pollinisées par les oiseaux souimanga à Madagascar et par un hyménoptère au Mexique. En culture,

cette fécondation doit être effectuée manuellement. Ce n'est qu'après fermentation que le fruit acquiert son parfum si caractéristique.

Les Aztèques l'utilisaient en philtres et cosmétiques et ils en aromatisaient un breuvage national. En Europe, elle parfuma d'abord le café, et c'est seulement à partir du XIXe siècle qu'on lui trouva son plein emploi : glaces, chocolat, limonade,

parfums, pommades, produits de beauté et de santé. Savez-vous que la vanille est, selon les Anciens, aphrodisiaque, tonique, reconstituante et antispasmodique ?

*L*a vanille est cultivée dans le monde entier pour l'arôme incomparable de ses gousses.
Sa culture est une source de devises importante pour de nombreux pays tropicaux.

ICONOGRAFIA DE ORCHIDÁCEAS DO BRASIL

Táb. n.º 24

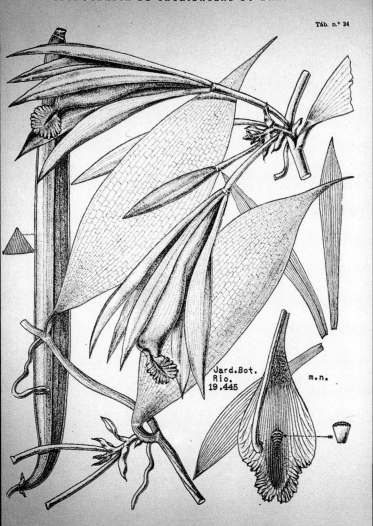

Jard. Bot. Rio. 19.445

m. n.

Vanilla trigonocarpa HOEHNE   Da "Fl. Brasílica", vol. XII, 2; 13-43, t. 20.

Au siècle dernier pour satisfaire cette passion sans cesse croissante pour les orchidées, des expéditions sont organisées, d'abord vers l'Amérique du Sud, puis dans le monde entier vers des régions de plus en plus reculées. Ainsi le Cymbidium Canaliculatum (en haut) vient d'Australie.

Spencer Cavendish consacre sa fortune immense à cette seule passion. Il fait construire une immense serre de 91 m de long sur 18 m de haut. Ne s'arrêtant pas là, pour enrichir sa collection, il expédie son jardinier de par le monde afin que celui-ci lui rapporte les espèces les plus rares. Il subventionne même d'autres collecteurs : les « chasseurs d'orchidées » sont nés.

Des orchidées et des hommes.

Une nouvelle vocation avait vu le jour. Nombreux sont ceux qui dépensent des fortunes afin de se procurer, par tous les moyens ou presque, la plante fabuleuse. À l'origine, les collecteurs étaient des naturalistes ou de doux amoureux des fleurs. Maintenant des aventuriers sans scrupules sévissent, motivés par le seul intérêt de l'argent. Bravant les maladies, les climats, les insectes et même les indigènes, nombre d'entre eux, mal préparés aux difficultés d'une telle entreprise, meurent ou tombent gravement malades. D'autres n'hésitent pas à saccager le milieu naturel. Pour être les seuls détenteurs d'une espèce, ils lancent leurs concurrents sur de fausses pistes.
Pire, ils détruisent les plants qu'ils ne peuvent emporter. Ils brûlent même des forêts entières pour être les seuls à

profiter de leur récolte. Des milliers de plantes transportées, marchandées, échangées donnent lieu à un véritable trafic, suscitant même une contrebande qui sévit jusqu'au siècle dernier. Des milliers d'orchidées périssent au cours des voyages et des milliers d'autres dans des serres mal adaptées à leur culture.

Quelques hommes pourtant, tels Banks, Lobb, Wallis et Warscewiecz, mettent tout en œuvre pour le seul amour de ces plantes. Ces chevaliers de l'orchidée rapportent des spécimens magnifiques au péril de leur vie. Ils donnent ainsi leur nom à leurs découvertes : Masdevallia wallisii ou encore Cattleya warscewiczii… Toutes ces collectes donnent lieu à de véritables ventes aux enchères.

En 1914, un Odontoglossum crispum atteint la somme fabuleuse de 300 000 FF actuels. Les gens se ruinent pour avoir l'orchidée de leurs rêves, espérant par la même occasion voir leur nom se perpétuer dans la nomenclature botanique. Un Français, Noël Bernard, découvre le rôle du champignon dans la germination des graines. Enfin créateurs, les orchidophiles se mettent à produire de nouvelles plantes par croisements. Le premier hybride créé par Dominy en 1856 ouvre la voie aux techniques ultra-perfectionnées contemporaines…

*L*es hybrides d'orchidées comme ces Phalaenopsis présentent l'avantage d'être plus souvent plus florifères que les espèces botaniques. Ils sont particulièrement conseillés aux débutants, parce qu'ils supportent mieux les petites erreurs de culture.

UNE FAMILLE NOMBREUSE

La famille la plus importante et la plus diversifiée des plantes à fleurs. Plus

de 30 000 **espèces connues, réunissant 700 genres. Aucune autre plante n'a donné naissance à autant d'hybrides. On compte aujourd'hui plus de 200 000 de ces hybrides et des centaines apparaissent chaque année. Infiniment variés dans leurs formes, leurs couleurs et leurs tailles, ils représentent la part la plus importante du marché de l'orchidée.**

Aujourd'hui, plus de 200 000 hybrides* (voir lexique) sont répertoriés. 380 sociétés d'orchidophilie fleurissent dans le monde. 24 000 adhérents sont recensés à l'American Society. En France, la Société française d'orchidophilie (S.F.O.) accueille plus de 1 500 adeptes. Des relations se créent entre les sociétés du monde entier et donnent lieu à des congrès réunissant des milliers de participants. Des ouvrages, des films, des expositions, tout un monde se mobilise pour offrir à notre reine des fleurs le titre d'égérie de la nouvelle horticulture.

PORTRAIT DE L'ORCHIDÉE

IL FAUT DÉMYTHIFIER...

*L'*orchidée aime tellement faire parler d'elle qu'elle suscite des commentaires plus saugrenus les uns que les autres ! Un exemple des plus marquants nous est donné par Brian Williams et Jack Palmer. Dans les années 30, une élégante se rend à une exposition florale. Trompée par un article de presse, elle demande à voir l'orchidée carnivore. Un exposant facétieux lui répond : « Elle est partie déjeuner. »

Et la dame de s'en aller, comme elle était venue. Bien évidemment, l'orchidée n'est pas carnivore ! Si elle attire les insectes, c'est uniquement dans le but de se reproduire et non de les dévorer... Fausse aussi la croyance de la penser parasite. Elle pousse sur les arbres, oui, mais juste pour le gîte et non pour le couvert... Tout aussi fantaisiste, la légende qui veut que l'orchidée soit une plante extrêmement fragile, difficile à cultiver, exigeant un matériel coûteux et sophistiqué. C'est au contraire une plante résistante que vous pourrez faire pousser sans peine sur un rebord de fenêtre.

Du mythe à la légende.

Les orchidées ne possèdent pas toutes des fleurs immenses et un feuillage luxuriant. Beaucoup d'espèces portent des petites fleurs et quelquefois pas de feuillage du tout mais elles n'en sont pas moins attrayantes... Un autre mythe veut que l'orchidée soit la fleur de luxe par excellence. S'il est vrai que pendant très longtemps on dépensa des fortunes pour se la procurer, aujourd'hui on la trouve à la portée de toutes les bourses... Enfin, la forêt tropicale n'est pas son unique milieu de vie. En effet, elle croît à peu près sous tous les climats et toutes les latitudes. On a même répertorié trois espèces souterraines...

Masdevallia vespertina

Masdevallia caudatum

Les Masdevallia semblent pouvoir justifier à eux seuls la réputation d'étrangeté et de bizarrerie attribuée aux orchidées. On en connaît 300 espèces différentes provenant pour la plupart des régions élevées montagneuses d'Amérique tropicale.

Masdevallia coccinea

Masdevallia radiosa   Draculla radiella

3 sépales

Colonne
ou
gynostène

1 pétale transformé
ou labelle

2 pétales latéraux

La fleur

Elle est formée de trois pétales et trois sépales. Deux des pétales, nommés latéraux, encadrent le troisième intitulé labelle. À l'inverse des autres fleurs, les sépales sont très développés et de couleur vive. Parmi les pétales, le labelle se distingue particulièrement par sa morphologie souvent très sophistiquée et caractéristique. C'est lui qui donne à la corolle son originalité, sa grâce et sa beauté.

Ainsi, les Paphiopedilum ont un labelle d'une forme qui leur vaut le surnom de « sabots de Vénus ».

Chez les Ophrys, il ressemble étonnamment aux insectes qui les visitent. Les cas sont très nombreux et les variations grandes. Au centre de la fleur, on trouve les organes reproducteurs mâles et femelles, soudés en une structure cylindrique appelée colonne ou encore gynostème.

Les organes reproducteurs

Là encore, l'orchidée se distingue des autres plantes. Au lieu d'un pistil entouré d'étamines, elle possède une seule structure centrale, résultat de la soudure du style du pistil et des filets des étamines.

Au sommet de cette colonne, le pollen est aggloméré en deux masses cireuses (les pollinies) et, un peu en dessous, on trouve le stigmate, réduit à une petite cavité gluante. Cette configuration particulière est la clef qui nous permet de comprendre le caractère si original de la pollinisation de l'orchidée. Pourtant, certaines, comme celles du genre Catasetum, se distinguent encore en possédant des fleurs unisexuées ; ce qui veut dire qu'une fleur de ce type ne porte que l'organe mâle ou que l'organe femelle. La morphologie générale de la fleur se trouve alors modifiée à tel point que pendant longtemps, trompé par cette différence, on classait les plantes mâles dans une espèce et les plantes femelles dans une autre.

Le feuillage

Si l'orchidée est très recherchée pour sa fleur, elle l'est aussi pour son feuillage. Les feuilles se différencient par la taille (certaines sont microscopiques, alors que d'autres dépassent le mètre), mais aussi par la texture. Très discrètes dans certains cas lorsqu'elles vivent une seule saison, au fil des années elles peuvent devenir très luxuriantes. Jouant de toute la gamme des verts et des bruns, elles se recouvrent de petites veines argentées, dorées ou même rougeâtres. Certaines revêtent l'apparence d'une mosaïque, d'autres se parent de couleurs chatoyantes, spectaculaires, comme ces Anoectochilus dont la beauté du feuillage éclipse totalement celle de la fleur. Aussi, ces espèces (comme les Hæmaria ou les Macodes) sont-elles cultivées essentiellement pour celui-ci. Généralement ovales ou lancéolées et

engainantes chez les orchidées à tige, les feuilles sont persistantes pour la plupart des espèces, et caduques chez quelques autres.
On peut facilement se faire une idée sur les conditions de vie d'une orchidée en observant ses feuilles : petites et

Contrairement à la plupart des plantes, le Chilochista luniferus n'a pas de feuilles. Ses racines aériennes en font office car elles contiennent la chlorophylle nécessaire à la photosynthèse.

épaisses pour un climat sec ; grandes et minces pour un climat humide. Enfin l'amateur cultivateur a tout intérêt à tenir compte de l'état du feuillage de son orchidée. C'est le meilleur révélateur de la vitalité de sa protégée.

Les tiges

On divise les orchidées en deux grandes catégories, suivant la morphologie de leurs tiges : les monopodiales et les sympodiales. Cette simple distinction préalable vous sera très utile lorsque vous entreprendrez la culture d'une orchidée.

Les monopodiales

Ce sont celles qui poussent en hauteur sur une seule tige. Celle-ci, très vigoureuse, porte les feuilles mais aussi des racines adventives* (voir lexique) qui assurent l'alimentation et la fixation. Dans ce groupe, on trouve les vanilles, les Vanda...

Les sympodiales

Elles constituent la majorité des orchidées. Ces plantes possèdent une tige souterraine qui croît horizontalement. De ce rhizome* (voir lexique) poussent vers le bas les racines et vers le haut, à chaque phase de croissance, une courte tige verticale plus ou moins renflée : le pseudo-bulbe.

Suivant les genres, ces pseudo-bulbes sont diversifiés en taille comme en forme. Ils portent les feuilles et jouent aussi le rôle de réservoirs d'eau et de matières nutritives. C'est dire leur importance !

Les racines

Dans les zones tempérées, la période difficile étant la période froide, les racines développent un tubercule dont les réserves leur permettront de renaître au printemps. Dans les régions chaudes, pour se prémunir contre le manque d'eau, elles s'entourent d'un tissu spongieux très spécialisé (le voile). De plus, leur grand développement assure aux plantes un bon ancrage au support.

LA MYSTIFICATION FAITE FLEUR

TRUCS ET PIÈGES : UNE FLEUR PRÊTE À TOUT.

Remarquable et astucieuse comédienne, l'orchidée ne recule devant aucun artifice pour arriver à ses fins : assurer sa reproduction. Entièrement dépendante des insectes ou des oiseaux, elle met au point un plan très ingénieux et très élaboré, et elle joue de son parfum, de sa couleur ou de ses formes.

COMME DES BÊTES !
L'orchidée baptisée **Péristeria elata** (originaire du Panama) a l'apparence d'une colombe...

et les fleurs de l'**Oncidium kramerianum** et de l'**Oncidium papilio** ressemblent à s'y méprendre à des papillons tropicaux.

*L*es insectes sont de précieux auxilliaires pour assurer la descendance des orchidées. En butinant le nectar de cet Orchis moucheron, un papillon se charge du transport des pollinies de la plante. Celles-ci se sont collées sur la trompe de l'animal.

Énivré par tant de sensualité déployée, l'insecte butinant vient se poser sur la fleur ; le grand jeu commence... En prenant son repas, l'insecte se retrouve avec deux pollinies collées sur la tête ou le thorax ; colis qu'il ira, toujours involontairement, déposer sur le stigmate de sa prochaine hôtesse.

N'est pas pollinisateur qui veut mais qui peut...

La forme et la longueur de l'éperon de certaines fleurs ne permettent pas à n'importe quel insecte de les butiner. Il lui faut une langue ou une trompe suffisamment longue, ou une tête suffisamment étroite pour atteindre le nectar qui se trouve au fond. Certaines de nos orchidées ont donc un pollinisateur attitré. Ainsi, un Angræcum de Madagascar, découvert en 1822, et possédant un éperon de 35 cm, permit à Charles Darwin de pressentir l'existence d'un papillon à la trompe très longue. En 1903, on le découvrit, et ce papillon à la trompe de 25 cm fut nommé Xanthopan morgani *predicta,* en souvenir de cette prédiction.

Des parfums et des couleurs pour tous les goûts.

Des orchidées d'Afrique tropicale (Angræcum), pollinisées par des

*L*e Miltonia, en plus de son délicat parfum, exhibe sur son labelle de beaux dessins fortement contrastés. Ces caractéristiques sont autant de signaux permettant aux insectes le repérage de la fleur.

papillons de nuit, ne sont odorantes qu'à ce moment-là et adoptent pour guider ceux-ci jusqu'à elles une couleur blanche presque phosphorescente. De même, le Miltonia se sert de balises colorées qui indiqueront aux insectes le plus court chemin pour atteindre le nectar. Ah, doux parfums d'orchidées ! S'il en est de très agréables, subtils même, ceux de certaines tropicales exhalent une odeur de viande pourrie qui comble d'aise les mouches nécrophages ! Plus près de nous, l'Orchis bouc (Himantoglossum hircinum) répand un parfum qui justifie bien son nom...

Et si tu m'aimes, prends garde à toi !

Plus extraordinaire encore : de véritables machines infernales ! L'Epipactis gigantea émet un parfum de miellat, afin de faire croire aux syrphes (espèce de mouches dont les larves se nourrissent de pucerons) à la présence de ces pucerons. Dupées, elles déposeront leurs œufs, mais ne repartiront pas bredouilles... Plus pervers encore, le Calopogon pulchrellus possède un labelle en forme de bouquet d'étamines. Si un insecte s'y pose, pensant se régaler de pollen, le labelle bascule et l'envoie contre les pollinies... Les Catasetum utilisent leurs pollinies comme projectiles contre leurs insectes préférés... Et que dire des Corianthes qui invitent les butineurs pour les précipiter ensuite dans une vasque. Pour s'évader, ceux-ci devront emprunter un passage si étroit que leur dos touchera la surface stigmatique puis les sacs de pollen... Toutes ces machinations dans le même et unique but : la pollinisation.

Sur cette photo en gros plan d'une fleur d'Orchis bouc, les pollinies apparaissent nettement. Ces deux masses gluantes contiennent des grains de pollen agglomérés. Juste en dessous se trouve le stigmate (organe femelle) prêt à recevoir les pollinies d'une autre plante à l'occasion de la visite d'un insecte.
Dans le cas précis de l'Orchis bouc à l'odeur particulièrement nauséabonde ce sont le plus souvent des mouches qui assurent la pollinisation.

LES OPHRYS,
UN MIMÉTISME DIABOLIQUE...

Après cet étalage de moyens sophistiqués, on pourrait penser que notre plante favorite a épuisé son imagination. N'en croyez rien ; il en reste un et des plus fabuleux, des plus extraordinaires ! Savez-vous que certaines espèces prennent l'apparence des pollinisateurs qu'elles souhaitent attirer ?

Les naturalistes les ont nommées abeille, mouche, bourdon, araignée ou frelon et les ont classées dans un même genre : Ophrys. Chaque espèce imite la forme, la coloration et jusqu'à l'odeur de la femelle d'un insecte. Bien évidemment, au printemps, le mâle s'y trompe, d'autant que ses véritables compagnes ne sont pas encore écloses (nouvelle ruse de l'orchidée). Il tente un accouplement.

UN CHOIX CURIEUX

Récemment, l'expérience a été tentée de mettre des insectes en présence à la fois de leurs femelles et des Ophrys dont ils sont les pollinisateurs. Contre toute attente, ils choisirent les fleurs. Diaboliques orchidées !

Vaine tentative, notre amoureux dépité va se jeter alors sur une autre Ophrys... et le jeu de continuer. Mais si l'entreprise amoureuse de l'insecte est un échec complet, celle (involontaire) de transport est une réussite totale pour l'orchidée.

*E*n Europe, les Ophrys sont les plus curieuses des orchidées par l'apparence et le parfum qu'elles adoptent pour mystifier les insectes.
À gauche Ophrys mouche, en haut à droite Ophrys frelon et O. abeille, en bas à droite O. araignée.

LA FIN DU JEU DE L'AMOUR ET DU HASARD

L'Ophrys abeille n'a pas la patience de ses congénères. Si aucun insecte n'est venu la visiter dans les quelques heures qui suivent son éclosion, ses pollinies tombent d'elles-mêmes sur son stigmate, réalisant une autofécondation. D'autres espèces se sont ainsi complètement affranchies des insectes en s'autofécondant systématiquement, avant même que leurs fleurs soient entièrement épanouies.

LES ORCHIDÉES DANS LEUR MILIEU NATUREL

UNE LARGE RÉPARTITION DANS LE MONDE ENTIER.

*P*lus que pour toute autre plante, du fait de sa très grande adaptation, le destin de l'orchidée est lié à son environnement. À l'exception des régions totalement désertiques (l'Antarctique ou les déserts arides), elle pousse avec bonheur à toutes les altitudes et sous presque toutes les latitudes.

À l'heure actuelle, il est impossible de les dénombrer avec exactitude car on découvre constamment de nouvelles espèces. Toutefois, c'est dans les régions les plus chaudes que l'on en trouve le plus. L'Asie, avec ses archipels ensoleillés, arrrive la première, suivie de près par l'Amérique du Sud et l'Amérique centrale, puis par l'Afrique et l'Australie.

Sous les Tropiques prédominent les espèces épiphytes (du grec épi, sur, et phyton, plante), poussant sur des arbres, et épilithes (lithos = pierre), poussant sur des rochers. Dans les pays à hivers froids, comme en Europe, elles sont simplement terrestres.

À haute altitude, la multiplicité et le cloisonnement (par les crêtes) des biotopes* (voir lexique) favorisent une diversité d'espèces qui prolifèrent forcément sur de petites surfaces et en petit comité. À basse altitude, l'implantation est beaucoup plus facile puisque les habitats favorables sont infiniment plus étendus mais aussi plus homogènes ; d'où un nombre restreint d'espèces, chacune largement répartie. On peut donc dire que la haute altitude favorise la diversité, et la basse altitude l'homogénéité.

B. falcatum

*L*es Bulbophyllum forment avec leurs quelque 2 000 espèces, le genre le plus vaste de la famille des orchidacées. Ils sont répandus dans toutes les régions tropicales et subtropicales du globe. Leur aspect et leurs habitudes végétatives sont également très diverses. Certains sont minuscules et portent des fleurs insignifiantes à l'œil nu. La plupart sont curieux comme le B. coletti avec des sépales latéraux démesurément longs. L'espèce la plus grande du genre B. fletcherianum de Nouvelle Guinée produit des fleurs pouvant atteindre 40 cm.

Bulbophyllum tricomoïdes

Bien des mystères.

Même dans leur répartition géographique les orchidées restent sujet de mystère. Par exemple, sur les sommets d'Amérique du Sud et nulle part ailleurs dans le monde poussent des Odontoglossum. Pourquoi seulement sur ce territoire et non sur un autre aux caractéristiques climatiques et géologiques identiques… ? D'autres espèces donnent lieu à la même interrogation. Quelques spécialistes ont avancé l'hypothèse que, pour germer, la graine d'une orchidée de très haute altitude

*L'*Ondotoglossum pulchellum est originaire des montagnes du Guatemala. Cette plante vigoureuse est très appréciée pour la facilité avec laquelle on la cultive et le charme de ses petites fleurs blanches. Elle a essentiellement besoin de fraîcheur.

doit retrouver un sommet du même type, mais suffisamment proche pour que le vent puisse la transporter jusqu'à ce milieu favorable.

Une autre constatation s'impose : plus une plante est éloignée de son aire de répartition, plus elle tend vers le nanisme. De même ses couleurs peuvent varier selon l'altitude.

Les orchidées exotiques.

Pour beaucoup d'entre nous, parler des orchidées, c'est souvent parler des espèces exotiques.

Épiphytes pour la plupart, elles bénéficient d'un climat chaud et humide et d'une luminosité intense.

En zone tropicale les saisons se résument à une période humide et une période sèche. Les plantes développent des pseudo-bulbes importants et de petites feuilles épaisses pour économiser l'eau pendant la sécheresse. Si la saison sèche est très marquée, ces « filles de l'air » redeviennent de simples terriennes, perdent leurs feuilles et passent cette période à l'état de rhizome ou de tubercule. Quand il n'y a pas de sécheresse ou quand elle est très faible, on trouve des orchidées sans organes de réserve (pseudo-bulbes) ou alors très réduits. La zone tropicale est aussi marquée par une faible différence de

*L*ycaste skinneri ou L. virginalis. Provenant d'Amérique centrale, les Lycaste ont besoin d'un repos très marqué pendant l'hiver qui est leur période de floraison. Un milieu frais et sec leur est essentiel.

température entre le jour et la nuit. Toutefois avec l'altitude, cette différence augmente et deux orchidées vivant sous la même latitude mais non à la même altitude peuvent présenter des adaptations très différentes.

L'EUROPE : UN HABITAT PRIVILÉGIÉ

*S*i les orchidées européennes n'ont pas l'allure de leurs consœurs tropicales, elles méritent d'être observées de plus près. Armez-vous d'une loupe, couchez-vous dans l'herbe en évitant de les écraser, et vous verrez nos indigènes porter de curieux petits bonhommes qui sont à l'origine de leurs noms : hommes-pendus, orchis singe...

L'Europe : un habitat privilégié.

Riche d'environ 160 espèces, l'Europe, par son relief très contrasté et son climat tempéré, est un véritable petit nid d'orchidées, toutes terrestres. Les variations de température favorisent le développement des organes souterrains aux dépens des organes aériens. Les orchidées affectionnent les terrains pauvres, plutôt calcaires, les habitats ouverts et, du fait de leur croissance particulièrement lente, les milieux stables. La France, riche d'environ 100 espèces, par ses contrastes climatiques et géologiques, offre à nos plantes une véritable terre de prédilection. La première d'Europe. Si vous habitez le Midi, vous trouverez Ophrys et Orchis (pelouses rases et sèches, ensoleillement important et nombreux insectes pollinisateurs). Dans les Alpes, vous rencontrerez Nigritella, Chamæorchis... Plus éclectiques, Herminium, Serapias... se plaisent autant en coteaux calcaires qu'en milieu plus humide. Certaines préfèrent un

Orchis singe

Orchis géant

Orchis singe

Orchis homme-pendu

environnement plus ombragé, des broussailles, des sous-bois… (Cypripedium, Épipactis)… D'autres encore jouent à longueur d'année aux estivantes, les pieds dans l'eau et la tête au soleil (Épipactis palustris, Orchis palustris…). Les forêts de conifères les plus sombres voient s'épanouir diverses espèces (Épipogium, Neottia…).

Quelques originales croissent dans des lieux totalement inattendus, même pour des orchidophiles avisés. Ainsi, Épipactis microphylla, qui pousse sur les rocailles calcaires du Sud de la France, se développe aussi à l'ombre des sous-bois au Luxembourg… Tout est bon pour nos plantes. Seule condition impérative mais aléatoire : la présence dans le sol du champignon qui permettra aux graines de germer.

Un avenir plus qu'incertain.

Qu'elles soient exotiques ou européennes, les orchidées sont menacées de disparition. Bénéficiant d'un véritable engouement lors de leur découverte, beaucoup d'espèces disparurent à cause de la malveillance des collecteurs. Et si aujourd'hui ces pratiques paraissent diminuer, il semble hélas que l'avenir soit on ne peut plus sombre. Les orchidées sont menacées en premier lieu par la destruction des

QUELQUES ORCHIDÉES SAUVAGES D'EUROPE…

Ophrys tenthrenedifera

Ophrys jaune

Ophrys noir

Ophrys brun

Helléborine

Ophrys bombix

Ophrys miroir

Orchis mâle

Céphalanthère

Orchis militaire

Orchis homme-pendu

Néottie nid-d'oiseau

Orchis vanillé

Orchis singe

Orchis sureau

Orchis géant

Orchis punaise

Orchis pyramidal

Orchis à deux feuilles

Grande listère

milieux naturels. Une espèce sur dix est affectée par l'urbanisation des campagnes, et mise à mort par la destruction de son habitat et les produits de notre société : assèchement des zones humides, constructions de plus en plus étendues en zone rurale, lotissements des bords de mer, stations de sports d'hiver, engrais, pesticides... Les orchidées sont menacées de mort à cause de leur beauté même, lorsque tout un chacun, peu avisé de la valeur d'un tel patrimoine, cueille innocemment un bouquet champêtre. Certains collectionneurs cherchent à tout prix à introduire quelques spécimens dans leurs jardins ou dans leurs serres. Peine perdue, les orchidées dépériront, car nos européennes sont rebelles à la transplantation. Seuls des spécialistes avisés, des scientifiques, pourront se permettre une opération de ce genre.

À la recherche de l'orchidée.

Vous vous apprêtez à partir à la conquête ou plutôt à la connaissance des orchidées de nos campagnes. Par où commencer ? D'abord les milieux naturels : alpages, maquis, garrigues, prairies, mais aussi vignes, bords de fossés, de chemins, là où le tracteur ne passe pas... Inspectez également les ruines, les cimetières, les vieux murs. Bref, tout ce que l'homme oublie de traiter et de moderniser. Bonne chance !

LE PRIX D'UNE ORCHIDÉE
Une orchidée doit attendre six à sept ans, quelquefois plus, pour atteindre son parfait développement et ouvrir sa première fleur... Cette « lenteur » donne à réfléchir sur tant d'espaces délibérément saccagés.

*L*a Néottie nid d'oiseau (Neottia nidus-avis) est une plante étrange. Cette orchidée peu commune poussant en Europe dans les bois ombragés au sol humifère, n'a pas de chlorophylle ni de feuilles. Ses racines se nourrissent des sucs des végétaux en décomposition, à l'aide d'un champignon vivant en symbiose avec elle.
C'est en observant cette plante que Noël Bernard comprit l'importance de ces champignons pour la germination des graines...

SOINS ET CULTURE DES ORCHIDÉES

DEVENIR UN ORCHIDOPHILE ÉCLAIRÉ.

*Un grain d'esprit
de fleur
Un zeste de lumière
Une pincée
de fraîcheur
Une bouffée de vapeur
Un brin de soleil
Une goutte de rosée
Une orchidée.*
Raymond Queneau

Comment effectuer son premier achat ?

C'est décidé. Vous voilà en route pour la grande aventure ; mais vous ne savez pas très bien comment vous y prendre, où vous diriger. À Paris, orientez-vous vers les boutiques spécialisées. En grande banlieue ainsi qu'en province, des orchidéistes vous feront visiter leurs serres et vous conseilleront. Si toutefois vous n'avez ni le temps ni l'envie de vous déplacer, sachez qu'il vous suffira d'écrire ou de téléphoner pour obtenir un catalogue dans lequel vous pourrez tout à loisir faire votre choix. Si vous n'êtes pas encore tout à fait convaincu, renseignez-vous ; il existe sûrement dans votre région une société d'orchidophilie qui saura vous guider et vous informer. Et si, par un heureux hasard, vous entendez parler d'une exposition, courez-y vite !

Devant un choix prestigieux, que faire ?

Dans un premier temps je vous conseillerai une orchidée dite « facile », robuste et peu exigeante, avec laquelle vous prendrez un minimum de risques. Cela vous permettra de faire vos premières armes tout en vous donnant très vite de grandes satisfactions et l'envie de persévérer...

Une orchidée à tout prix.

Longtemps l'orchidée fut la fleur du luxe par excellence. Seuls de riches collectionneurs en cultivaient et elle ornait les tables de banquets prestigieux. Si aujourd'hui encore certaines espèces rares sont vendues à des prix astronomiques, le progrès des méthodes de culture a permis de démocratiser leur commerce. On en trouve en supermarché à la portée de toutes les bourses. Il faut savoir qu'en moyenne le prix d'une orchidée équivaut à peu près à celui d'une plante d'appartement un peu sophistiquée : 100 FF environ.

Les orchidophiles ont sélectionné quelques plantes à la fois magnifiques et particulièrement résistantes ; le rêve du débutant : Cymbidium, Phalænopsis, Odontoglossum, Paphiopedilum et Oncidium. Laissez d'abord parler votre goût et choisissez votre plante en fonction de votre habitat. D'où l'utilité des conseils du professionnel ou de l'amateur avisé. Vous avez aussi intérêt à acheter votre orchidée en fleur. Car, même légèrement plus onéreuse, elle vous charmera et aura plus de chances de refleurir à nouveau. Veillez également à ce que ses feuilles ne soient ni tachées ni jaunies. Il est impératif que le vendeur vous apporte un maximum de renseignements sur son habitat d'origine, sa culture, un rempotage envisageable ou non.

Cymbidium, Phalaenopsis, Paphiopedilum, trois des plantes les plus vendues et les plus faciles à cultiver.

Votre choix est fait. La plante de vos rêves est enfin là. Ce premier pas vous entraîne vers une passion sans retour !

Toutefois ne criez pas encore victoire et veillez à ce que son transport se passe sans heurts. Notre amie a horreur des déménagements qui l'exposent à de fortes variations de température. Et, dernier conseil…
À son arrivée, placez-la 10 à 15 cm au-dessus d'un récipient d'eau. Faites très attention ; le fond du pot ne doit pas toucher l'eau. Ne l'arrosez pas le jour même.

Divers facteurs sont à prendre en compte pour assurer à votre plante de bonnes conditions de croissance : la température, la lumière, l'humidité et la nourriture.

TECHNIQUES DE CULTURE

Ne paniquez pas devant ces exigences. En réalité, les orchidées ne sont pas à proprement parler des plantes « délicates ». Il est même étonnant de constater que telle, oubliée par négligence, refleurit parfois aussi bien si ce n'est mieux que telle autre par trop choyée. Ne commettez pas l'erreur de vouloir recréer pour elle un environnement « tropical » (atmosphère humide et surchauffée). En fait, le mot d'ordre est modération. À l'instar de son jardinier, pour s'épanouir elle a besoin d'une température moyenne, à moduler cependant suivant l'espèce ; de faibles écarts de chaleur ; d'une lumière légèrement tamisée ; d'une hygrométrie constante (50 % environ) ; d'une circulation d'air modérée (quelquefois aidée d'un ventilateur) ; et d'une eau non calcaire. Veillez très soigneusement à ne pas noyer vos orchidées sous des arrosages intempestifs. Elles résisteront mieux à la sécheresse qu'à des bains trop répétés. De même, lorsque, devenu orchidophile passionné, vous voyagerez sous les Tropiques en quête de quelques espèces, évitez de les rapporter enveloppées dans un sac plastifié ou dans de la mousse humide. Laissez les racines à l'air.

L'orchidée dans votre maison.

Où et comment mettre en valeur la plante dans votre intérieur tout en respectant son hygiène de vie ? Tout d'abord n'essayez pas de lui trouver un coin de sol. Repérez plutôt un emplacement en hauteur : étagère, table ; accrochez-la sur un claustra. Groupez vos plantes d'intérieur autour d'elle. Elles ne s'en porteront que mieux et papoteront de concert. Mais attention ! Bien que peu collet monté, notre orchidée n'apprécierait pas que vous l'installiez dans votre cuisine. Madame aurait ses vapeurs et sa santé risquerait d'en souffrir. De même, évitez les endroits à courants d'air, trop sombres ou trop isolés. Une salle de bains à condition d'être assez spacieuse lui conviendrait tout à fait, comme un bureau ou un salon. Toutefois n'entreprenez pas de travaux de peinture en sa présence. Madame est délicate. Évitez de l'enfumer, cela l'incommoderait et, bien sûr, ne la déplacez qu'à bon escient.

Bien que de la même famille, ces deux Dendrobium hybrides n'ont pas les mêmes exigences. Le premier, issu d'une espèce provenant de pays chauds, aime la chaleur ; tandis que le second, d'ascendance montagnarde, apprécie un peu plus de fraîcheur. Étudiez donc bien l'exposition et la température des pièces où vous souhaitez placer vos plantes ainsi que leurs exigences propres. Mais rassurez-vous, la plupart tolèrent bien des écarts à leur régime habituel.

Tout un chacun peut cultiver une orchidée. Même si vous ne possédez ni serre, ni véranda, ni balcon, sachez utiliser le rebord d'une fenêtre. Au printemps, en été et en automne, choisissez de préférence une exposition est ou ouest. En hiver, installez votre plante au sud. Une simple règle à respecter : veillez au taux d'humidité. Généralement de 15 %, vous lui ferez atteindre les 50 % requis en disposant sous votre plante (mais non en contact avec le compost) un récipient d'eau. Un autre moyen efficace consiste à regrouper vos plantes afin que la transpiration des unes crée un micro-climat humide favorable aux autres. Le confort maximum s'obtient avec un humidificateur. Enfin, si vous possédez un sous-sol, une cave ou un grenier, peignez en blanc murs et plafonds, faites l'acquisition de quatre tubes fluorescents de 40 W, de deux tubes Gro-Lux* (voir lexique) et le tour est joué.

Frappé de ce mal incurable qu'est l'orchidomanite aiguë et heureux possesseur d'une serre ou d'une véranda dotée d'un système de chauffage créant des points plus ou moins chauds, vous pouvez vous laisser aller à votre passion en introduisant dans ladite serre un grand nombre d'espèces. En ajoutant des séparations, vous augmenterez encore la diversité de votre lieu de culture.

HUMIDITÉ

On peut facilement trouver dans le commerce des hygromètres, qui mesurent le taux d'humidité ; ils sont souvent vendus accolés à des thermomètres.

Avec toutes ces attentions votre plante va prospérer. Elle commence à se sentir à l'étroit dans le récipient où vous l'avez trouvée. Il faut donc vous mettre en quête d'un nouveau pot. La première règle de tout bon orchidophile est d'en choisir un qui assure un drainage parfait. Ne le prenez pas trop grand ; les racines n'occuperaient pas tout le compost et ne pourraient l'assécher suffisamment pour empêcher l'apparition d'un milieu favorable à la pourriture. De plus, certaines espèces (tels les Dendrobium ou Odontoglossum) fleurissent mieux un peu à l'étroit. Il existe des pots spécialement conçus pour orchidées. Vous trouverez également des caissettes et des bacs adaptés aux grandes espèces. D'une manière générale, les orchidophiles ont opté pour l'utilisation des pots en plastique. De toutes couleurs, de toutes formes, de toutes dimensions, faciles d'entretien, légers et d'un prix fort modique, ils vous séduiront. Les amoureux des épiphytes préfèrent, quant à eux, les pots en argile. Poreux, ils absorbent l'excès d'eau. Si vous avez recours à de vieux récipients, n'oubliez pas de les désinfecter soigneusement avant usage. De même pour votre épiphyte assurez-vous que votre pot possède plusieurs trous de

HISTOIRE DE POTS

*L*es caissettes à claire-voie sont tout à fait indiquées pour la culture des grandes orchidées épiphytes comme les Vanda. Mais attention, en appartement, elles ont tendance à se dessécher bien plus vite que les pots de plastique...

drainage (si besoin est, agrandissez-les à l'aide d'un tournevis). Il ne reste plus qu'à le remplir.

À nouveau pot nouveau substrat.

Toutes les formules de compost ont un but bien précis : permettre une aération importante, assurer un support ferme aux racines et favoriser un bon

*A*vant de rempoter vos plantes, renseignez-vous sur la qualité de leur compost.

Chaque type d'orchidée a ses préférences, suivant la forme de ses racines et ses exigences en eau et en matière nutritive. Un cimbidium demande un substrat assez dense.
Cet hybride Epiphronitis veitchii (Epidendrum X sophronitis) préfère un compost plus léger.

écoulement de l'eau. Vous en trouverez dans le commerce, vendu en sachets.

Dans un premier temps, cela vous facilitera la tâche. Toutefois, si vous voulez réaliser votre compost vous-même, le plus simple est de commencer avec de l'écorce de pin broyée. Très facile d'emploi et d'un prix fort modique, elle remplace avantageusement les fibres de polypode et d'osmonde. Une seule imperfection : le déficit en azote. Si vous achetez une orchidée à racines minces (par exemple un Odontoglossum) utilisez des morceaux de 6 mm de diamètre ; pour les plantes à racines moyennes prenez des morceaux moyens et pour les orchidées à très grosses racines (Phalænopsis) il vous faudra de très gros morceaux (2 à 3 cm). Si vous possédez une orchidée terrestre (par exemple un Paphiopedilum) choisissez un autre type de mélange : deux parties de sable gras, deux de tourbe en motte et une de vermiculite. Pour les épiphytes, utilisez de préférence une formule plus élaborée qui a fait ses preuves : 7/10e d'écorce de pin, 1/10e de fibre d'osmonde, 1/10e de tourbe en motte et 1/10e de vermiculite ou de perlite. Enfin, une recette à base de tourbe, chaudement recommandée par les orchidophiles de tous pays : une part de sable d'horticulture, une part de perlite et deux parts de tourbe.

LES SECRETS DU REMPOTAGE

Votre pot et votre compost sont choisis. Vous voilà prêt pour la grande opération, celle du rempotage. Ne craignez rien, elle n'est pas compliquée et si vous suivez ces directives vous allez l'accomplir comme un véritable orchidophile averti, et un orchidophile averti en vaut...

Tout d'abord, repérez le bon moment. Vous avez constaté qu'elle se sentait un peu à l'étroit dans son récipient et que son compost commençait à se détériorer. C'est déjà un signe ; mais si vous voyez les racines proliférer autour de la motte, ou de nouvelles pousses déborder de votre pot et faire des racines de plus de trois centimètres, alors n'hésitez plus et passez à l'action.

En trois temps :

1 Elle consiste à dépoter. Pour cela frappez un petit coup sec sur le rebord du pot pour détacher votre compost. Si toutefois les racines adhèrent encore au récipient, décollez-les à l'aide d'un outil tranchant préalablement stérilisé.

2 Toujours à l'aide de votre spatule ou de vos doigts, retirez le maximum du vieux compost. Examinez soigneusement votre plante. Éliminez les racines mortes (de couleur grise, vous ne pouvez les confondre avec les nouvelles qui sont très claires). Débarrassez votre orchidée, si besoin est, des feuilles sèches. Éventuellement, épointez soigneusement celles dont l'extrémité semble noircie.

3 Votre plante une fois « rajeunie », remplissez le pot de gros graviers ou mieux encore de galets jusqu'au tiers de sa hauteur. Disposez ensuite une petite couche de compost. Si vous êtes possesseur d'une orchidée sympodiale, placez votre plante sur le bord du pot, la nouvelle pousse vers le centre ; s'il s'agit d'une monopodiale, positionnez-la tout simplement au centre du récipient. Rajoutez ensuite précautionneusement le reste du compost et n'oubliez pas que si votre plante possède un rhizome, le dessus de celui-ci doit rester visible. Si elle vous semble un peu fragile, donnez-lui un tuteur. Enfin, jouez au collectionneur averti, en mentionnant sur une étiquette son nom et la date du rempotage.

L'arrosage : pas d'excès.

En cas de doute n'arrosez pas, c'est le premier conseil à suivre. Plus gastronome que gourmande, l'orchidée est surtout sensible à la qualité de l'eau. À part quelques rares exceptions comme les Paphiopedilum et les Cymbidium, il faudra éviter d'employer l'eau calcaire et dans tous les cas proscrire l'eau adoucie. L'idéal reste l'eau de pluie (encore risque-t-elle de plus en plus souvent d'être polluée). Aussi, si vous possédez peu de plantes, le plus simple est de vous ravitailler en eau minérale équilibrée. N'utilisez pas d'eau froide, mais réchauffez-la à la température de la pièce de culture.

Arrosez abondamment deux ou trois fois par semaine, de préférence le matin ou en début d'après-midi afin que votre plante puisse absorber l'humidité avant la nuit. Adaptez la fréquence de votre arrosage selon la période de végétation. Ainsi en période de repos, une fois par semaine suffit. Mais surtout « écoutez » et observez votre orchidée. Un petit « truc » à savoir : si votre pot vous semble plus léger que d'habitude, n'hésitez pas, arrosez ! Il faut aussi tenir compte des conditions atmosphériques. Les besoins en eau sont plus importants en période sèche qu'en période humide. Prenez garde également à votre mode de culture.

LE REPOS DE L'ORCHIDÉE

Beaucoup de nos plantes cessent de croître pendant un certain temps au cours de l'année. Ce moment, qui correspond à la saison sèche dans leur habitat d'origine, est appelé période de repos. Celle-ci se situe entre la fin de la floraison et la reprise des nouvelles pousses et vous devez impérativement la respecter en diminuant les arrosages et en cessant tout apport d'engrais.

LE REPOS DU JARDINIER

Profitez du rempotage pour préparer en douceur vos vacances. Dans votre compost, répartissez les brins d'une mèche dont l'extrémité baignera dans une bassine d'eau. Assemblez vos plantes face à la lumière faiblement tamisée et... bonnes vacances !

CULTURE SUR SUPPORT

Pour reproduire encore mieux la nature, à la place de l'arbre sur lequel prospère normalement votre épiphyte, fournissez-lui un support qui le rappelle. De nombreuses possibilités s'offrent à vous : morceau d'écorce, plaque de liège, portion de branche, cep de vigne... à vous d'imaginer. Dans tous les cas, la procédure est simple : placez entre le support et la plante un petit coussin de sphaigne* (voir lexique) ou d'osmonde (qui retiendra l'humidité) et fixez l'ensemble à l'aide d'un fil de fer ou de nylon. Suspendue, votre culture sera du plus bel effet.

Vous arroserez beaucoup plus les orchidées sur support ou en panier suspendu que celles en pot.

Un appétit d'oiseau.

Coquette, notre plante vivant d'amour, d'eau et d'air frais, en bonne épiphyte qu'elle est, ne manifeste pas beaucoup d'appétit. Toutefois, sans penser la gaver, il est nécessaire de lui fournir un supplément alimentaire sous forme d'engrais que vous lui administrerez fréquemment mais à petites doses. Il est très important qu'elle ne présente pas de carence en magnésium. Pour un

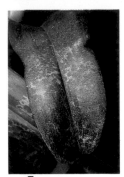

Attention! Ceci est un coup de soleil. Les orchidées apprécient toutes la lumière, la plupart craignent le plein soleil.

La présence d'un trou de ce type dans une feuille révèle la convoitise d'un gastéropode nocturne pour votre protégée. Il s'agit d'une limace ou d'un escargot. Chassez-le avant qu'il ne transforme votre plante en dentelle !

compost à base d'écorce, ayez recours à une préparation soluble à fort pourcentage en azote. Sur support : Plant Prod 28-14-14 ou Nutrifol 22-11-11 et pour tout autre milieu : Plant Prod 20-20-20 ou Nutrifol 18-18-18 sont les plus employés. Si toutefois vous hésitez à acheter ces engrais, ceux que vous destinez à vos plantes vertes feront quand même l'affaire. Nourrissez votre orchidée tous les quinze jours environ et immédiatement après un arrosage, lorsque le compost est bien humide. Sachez respecter les espèces qui connaissent des périodes de repos en cessant tout apport. Afin qu'elle ne se lasse pas d'un régime par trop monotone, variez le menu selon les saisons. De mars à septembre une ration entière, le reste du temps diminuez la dose de moitié. Sur support, pour ne pas attaquer les racines, nourrissez-la tous les huit-dix jours avec une demi-dose. Enfin, lorsque vous venez de rempoter, attendez environ un mois avant de lui administrer sa première ration.

Soigner les fleurs et combattre leurs parasites.

Vous serez heureux d'apprendre que nos belles orchidées sont de bonnes natures et connaissent sous nos climats fort peu de maladies. Elles sont toutefois sujettes à des difficultés, consécutives, la plupart du temps, à des erreurs de culture ou à des invasions d'insectes.

Les viroses, maladies les plus redoutées, se manifestent le plus souvent par l'apparition de taches sur les fleurs, accompagnées d'une mauvaise croissance. Dans ce cas, une seule solution : détruire la plante afin qu'elle ne contamine pas ses congénères. Attention également aux brûlures du soleil et à l'excès d'arrosage ! L'un pourrait faire griller le feuillage, et l'autre pourrir les racines. Une fois encore le mot d'ordre est modération.

*P*as de quartier, il faut éliminer cette colonie de pucerons avec un insecticide

Traquez l'ennemi.

Diverses petites bêtes s'attaquent avec fougue à nos tendres amies : cochenilles, pucerons, acariens... Pour les éliminer, utilisez, de préférence, un pesticide spécifique. Même procédé pour enrayer l'invasion des escargots, des limaces ou des chenilles qui goûtent fort les feuilles et la pointe des racines. Un conseil : les plantes réagissant plus ou moins bien à ce type de pesticide, il est recommandé d'effectuer au préalable un test qui vous permettra d'adopter définitivement le traitement approprié.

approprié avant que votre plante ne s'étiole ou qu'ils ne propagent une virose.

Les cochenilles posent un sérieux problème car, protégées par leur carapace cireuse, elles sont coriaces. Demandez l'avis d'un spécialiste qui vous conseillera suivant les cas.

QUELQUES ORCHIDÉES FACILES À CULTIVER

DES RÊVES À PORTÉE DE MAIN.

*C*ymbidium, Odontoglossum, Oncidium, Paphiopedilum ou Phalænopsis. Nous avons déjà parlé de ces espèces que l'on conseille plus particulièrement aux débutants. Robustes, elles supportent en effet quelques erreurs de manipulation et, peu rancunières, elles récompensent tout effort par une floraison qui fait l'admiration de tous !

LES CYMBIDIUM,
ORCHIDÉES DES JARDINS

Ce sont les orchidées les plus cultivées en Europe et les plus populaires. Vous les avez vues souvent trôner dans de petites boîtes en carton chez les fleuristes ou même dans les supermarchés. Vous ne pouvez pas les ignorer… La raison de cet incroyable engouement ? Tout simplement leur beauté, une robustesse à toute épreuve et une floraison de très longue durée.

Leur origine :

C'est un botaniste suédois, Olof Swartz, qui en 1800 les découvre. Cymbidium, du grec *kumbols* (cavité)… Venues d'Asie, d'Inde et d'Australie, 70 espèces sont répertoriées. Leurs hybrides, très célèbres pour leur beauté, proviennent de croisements de plantes originaires des contreforts de l'Himalaya. Leur habitat très diversifié va des zones arides à la forêt tropicale. Sympodiales, elles possèdent de plantureux pseudobulbes et leurs feuilles

fines et allongées peuvent atteindre jusqu'à un mètre de long. Les fleurs, grandes et très variées en couleurs, s'épanouissent sur une période de six semaines à trois mois.

La température :

En bonnes montagnardes, elles apprécient d'importantes variations de température : dans la journée, entre 24°C et 27°C ; la nuit, entre 7°C et 13°C. Peu exigeantes, elles tolèrent de grosses chaleurs et même des gelées blanches. Si vous êtes possesseur d'un jardin ou simplement d'un balcon, n'hésitez pas à les exposer à l'air à partir de la mi-mai. Rentrez-les dès la mi-septembre. S'il vous est impossible de les sortir, un système réfrigérant ou une heureuse combinaison de ventilation, d'humidité et d'ombrage vous permettra d'obtenir le même effet.

La lumière :

Les Cymbidium demandent une forte luminosité (40 000 – voir lexique – à 80 000 lux) mais ne les exposez pas au soleil brutal des après-midi d'été. En

appartement, tamisez leur espace d'un ombrage qui enlèvera environ un tiers de la lumière solaire ; au jardin, choisissez de préférence un endroit sous un arbre.
Il faudra aussi tenir compte de la couleur de vos fleurs. Placez les dominantes rouges en pleine lumière lors de leur développement, afin de leur donner tout leur éclat ; pour les jaunes et les vertes, faites l'inverse.

L'humidité et l'aération :

Toujours fidèles à leurs origines, les Cymbidium réclament une circulation d'air constante, qui va de soi en extérieur, mais à prévoir (à l'aide d'un

ventilateur) en intérieur. Maintenez une humidité régulière, mais pas de pulvérisation lors des journées sombres et humides et peu lors de la floraison.

Les arrosages
et les engrais :
Plus ou moins fréquent mais toujours très abondant, l'arrosage doit maintenir le compost humide, sauf en période de rempotage où il sera interrompu. En été, arrosez tous les jours phosphore et en potassium. À appliquer tous les quinze jours.

Le rempotage

Rempotez le moins possible, tous les trois ans environ et seulement lorsque l'état de votre plante l'exige. Les Cymbidium sont très sensibles aux infections. Adoptez un pot suffisamment grand, pour éloigner d'autant la période du prochain rempotage.

Culture en jardin :
Elle est pratique courante, car la nature de ces orchidées s'y

et au besoin bassinez le feuillage. En hiver, diminuez la fréquence. L'engrais est nécessaire à vos plantes, quel que soit le compost adopté. En fin de printemps, prédominance en azote afin d'assurer un bon développement ; en automne, prédominance en Cymbidium n'aiment pas être dérangés. On rempote couramment en février-mars les plantes qui ne fleuriront pas. Pour les autres, effectuez cette opération tout de suite après la floraison.

Prenez la précaution de stériliser vos instruments car les prête bien. Prévoyez un ombrage léger, tout comme en appartement. Faites un trou d'une trentaine de centimètres de côté, remplissez-le d'un mélange de tourbe, de terreau et de sable et appliquez à votre plante le traitement habituel après tout rempotage.

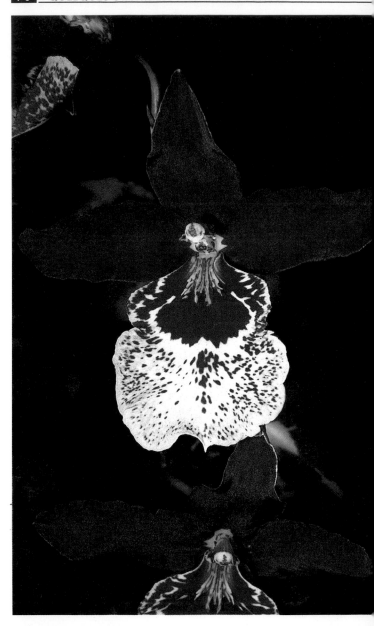

LES ODONTOGLOSSUM,
DES FLEURS AUX DENTS LONGUES.

Aussi populaires que leurs cousins les Cymbidium, ils n'ont de cesse de chercher à les déloger de leur première place sur le marché. Le plus célèbre : le Cambria.

Leur origine :

Du grec *odontos* (dent) et *glossa* (langue), ce nom évoque un aspect de leur anatomie.

300 espèces américaines, toutes épiphytes, nous viennent des plus hauts sommets de Colombie, du Pérou, du Mexique, du Guatemala et du Costa Rica. Plus montagnardes encore que les Cymbidium, elles prospèrent dans des ambiances fraîches et humides. Ces orchidées à pseudo-bulbes ovales ou arrondis portent une ou deux feuilles en leur sommet, et quatre à six autres à leur base d'où sort également la hampe florale. Leur longue floraison a lieu le plus souvent au printemps ou au début de l'été.

On peut les diviser en deux groupes pour les besoins de la culture : celles qui proviennent de la cordillère des Andes ainsi que les hybrides et celles qui nous viennent d'Amérique centrale.

La température :

Provenant de milieux froids, 15°C à 20°C leur conviennent parfaitement. En été, ne craignez pas la chaleur mais adaptez un système d'humidification et d'ombrage en conséquence.

À gauche un remarquable hybride : le Cambria. En haut Ondotoglossum rosii originaire d'Amérique centrale.

Deux hybrides
d'ondotoglossum.

La lumière :

Le premier groupe demande peu de lumière (12 000 à 15 000 lux), le second légèrement plus (15 000 à 20 000 lux). Dans votre appartement, tout en évitant les rayons directs du soleil, placez vos plantes derrière une fenêtre. Observez les pseudo-bulbes et les feuilles ; ils vous indiqueront si l'éclairage est suffisant. Si du vert clair habituel ils passent au vert sombre, vous saurez que vos orchidées manquent de lumière.

L'humidité :

Les espèces du premier groupe requièrent une atmosphère à humidité élevée (70 %) ; pour les autres, agissez comme dans la majorité des cas : les jours très ensoleillés, ayez recours aux pulvérisations.

Les arrosages et les engrais :

Les arrosages : ils seront fréquents et abondants, le compost devant rester impérativement humide. Leur fréquence : deux par semaine pendant la période de croissance, un seulement pendant l'hiver. Durant la période de repos, contrairement à celui de beaucoup d'orchidées, le compost sera donc toujours légèrement humidifié. Les engrais : un apport par mois suffit si vous les cultivez sur osmonde. Deux s'ils vivent sur d'autres milieux.

Le rempotage :

Il s'effectue tous les un ou deux ans, de préférence au début de l'automne, dans un pot relativement petit conçu pour épiphyte. Pour les hybrides, qui fleurissent très irrégulièrement, le signal vous sera donné lorsque les pousses atteindront 15 cm.

À droite Ondotoglossum
bictoniense.

LES ONCIDIUM,
DES BALLERINES AUX TUTUS D'OR

Du grec *ogkos* (tumeur), faisant allusion à la forme en verrue de la base de leur labelle, les Oncidium gracieux et beaux n'ont rien de triste. Pour la plupart, leurs tiges en fleur évoquent un groupe de ballerines légères pendant une fête champêtre...
Le plus célèbre : l'Oncidium papilio...

<u>Leur origine :</u>

Sœurs des Odontoglossum avec qui elles vivent en bonne compagnie, elles comptent plus de 750 espèces. Originaires d'Amérique tropicale et subtropicale, elles sont pour la plupart épiphytes. Dispersées sur des habitats très divers (des rivages caraïbes jusqu'aux sommets andins), elles fleurissent très bien partout et sont, contrairement à leur apparence, très robustes. Plantes sympodiales aux pseudo-bulbes aplatis, prolongés par une ou deux feuilles planes mais quelquefois cylindriques. Les fleurs sont la plupart du temps petites et en grappes denses, mais parfois grandes et solitaires. La floraison se fait en toutes saisons. Leurs couleurs de prédilection : le jaune et le brun.

À gauche le célèbre Oncidium papilio ; en haut Oncidium splendidum.

La température :

La majorité des Oncidium sont cultivés de jour entre 18°C et 24°C et de nuit entre 14°C et 16°C. Ceux qui ne possèdent pas de pseudo-bulbes, mais sont nantis de feuilles très épaisses, préfèrent une plus forte température. Les espèces à petites fleurs sont peu exigeantes...

La lumière :

Ils aiment beaucoup la lumière naturelle, et en moyenne il leur faudra entre 20 000 lux et 40 000 lux ; certains s'adaptent assez bien à la lumière artificielle (O. papilio, O. ornithorhynchum...) mais leur place la plus appropriée reste le centre d'une fenêtre bien éclairée. Les feuilles très épaisses ont besoin du plein soleil (O. splendidum...).

L'humidité et l'aération :

Un taux d'humidité de 50 % environ avec une aération importante. Mais attention : nos « ballerines » aiment les mouvements, pas les courants d'air.

Les arrosages et les engrais :

Pendant les périodes de croissance et de floraison, arrosez abondamment deux ou trois fois par semaine. En période de repos, n'arrosez que pour empêcher le flétrissement des pseudo-bulbes. Donnez-leur régulièrement de l'engrais, surtout à ceux poussant sur milieux à base d'écorce, en prenant soin de ne leur fournir que la moitié de la dose normale. Un excès provoquerait un trop grand développement des plantes avec arrêt de la floraison.

Ci-dessus Oncidium cavendishianum, en haut à droite O. ornithorhynchum, ci-contre deux hybrides.

LES PAPHIOPEDILUM,
LÉGENDAIRES « SABOTS DE VÉNUS »

Du grec *Paphios*, Vénus, et *pedilon*, pantoufle, leur labelle très original justifie tout à fait leur appellation. Le monde entier en est fou… sauf la France. Pourquoi ? Nul ne le sait. Bien qu'à l'origine certains se soient ruinés pour les obtenir, de nos jours leur prix est souvent fort modique. Beauté, charme si particulier et grande facilité de culture justifient une complète réhabilitation.

Leur origine :

Environ 70 espèces terrestres ou épilithes (qui vivent sur les pierres), rarement épiphytes. Originaires des Philippines, de la Chine, de la Nouvelle-Guinée, de l'Indonésie et du Sud-Est asiatique… Les Paphiopedilum sont des sympodiales sans pseudo-bulbes, dont les feuilles rigides et peu nombreuses se

rattachent à un rhizome petit et charnu. La hampe florale ne porte, en général, qu'une seule fleur bien que certaines espèces (P. rothschildianum…) puissent en avoir jusqu'à six.

Ces fleurs au labelle si particulier présentent une palette de couleurs qui va du vert au brun en passant par le pourpre. Le tout sous forme de stries, pointillés, taches, rayures… Une très longue floraison (un à trois mois) qui, chez certains hybrides, peut se répéter jusqu'à trois fois dans l'année.

À gauche Paphiopedilum primulum purpurescens, ci-dessus P. argus.

Paphiopedilum niveum

Paphiopedilum leanum

Paphiopedilum bellatulum

Paphiopedilum hookerae

Paphiopedilum delenatii

Paphiopedilum insigne

La température :

Il est souhaitable avant l'achat de votre Paphiopedilum de prévoir le lieu où vous allez le mettre. Pièce à moins de 15°C la nuit ? Choisissez un sabot de Vénus à feuilles vertes unies. Plus de 17°C, retenez une espèce au feuillage marbré. Dans la journée, toutes sont à leur aise entre 21°C et 27°C. L'été, par grosses chaleurs, placez-les sous un arbre. Mais ceci n'est en rien une obligation. Très robustes, elles s'accommodent de variations de température plus ou moins importantes.

Paphiopedilum sp.

Paphiopedilum sp.

Paphiopedilum sp.

Paphiopedilum sukhakullii

Paphiopedilum argus

Paphiopedilum maudiae

<u>La lumière :</u>

Ce sont des amoureuses de l'ombre. Elles s'épanouissent dans les appartements anciens et dans tout lieu à faible luminosité (6 000 à 10 000 lux). Toutefois, une exposition de quelques heures par jour à la pleine lumière facilite leur floraison.

On divise en deux groupes les 70 espèces de Sabots de Vénus. Ceux à feuille unie et ceux à feuille tachetée. Chaque groupe a ses particularités de culture.

Paphiopedilum primulum

Paphiopedilum ciliolare

Paphiopedilum
michrantum

L'humidité et l'aération :

Comme la majorité de nos orchidées, les paphios aiment vivre dans un air moite et constamment en mouvement. Le taux d'humidité à respecter dans la journée : 40 % à 50 %.

Les arrosages et les engrais :

Pas de pseudo-bulbes, donc pas de réserve d'eau ; conclusion : arrosages fréquents, en moyenne tous les trois à cinq jours, sauf en période de repos où une fois par semaine suffit. L'été, si l'air est sec, bassinez également le feuillage. Attention aux excès d'engrais ! L'apport est inutile pour les milieux à base de racines de fougères. Pour ceux à base d'écorce, on emploie un engrais du type 30/10/10 (proportions en azote/phosphore/ potassium). Pour ceux purement artificiels, choisissez la formule 20/20/20. Fertilisation à effectuer une ou deux fois par mois, après un bon arrosage.

Le rempotage :

Vous l'effectuerez tous les ans environ, après la floraison, et dans un pot relativement petit. Drainez le fond de votre récipient avec des tessons de pots cassés et jetez tout votre ancien compost. Enlevez les racines mortes, puis votre compost bien mis en place, attendez environ trois mois pour reprendre la fréquence habituelle de vos arrosages. Pendant toute cette période, humectez légèrement votre milieu et laissez votre plante bien à l'ombre.

hiopedilum villosum

LES PHALAENOPSIS,
DES ÉLÉGANTES.

Une orchidée gratifiante pour l'amateur, qui, sous le charme de son incessante floraison (presque toute l'année), nourrira sans nul doute sa passion, qui au fil des années pourra l'amener vers une collection fabuleuse.

Leur origine :

Du grec *phalaina* (papillon) et *opsis* (ressemblance). Nul besoin de décrire plus leur similitude avec le gracieux insecte, lorsqu'il plane au-dessus de nos têtes, toutes ailes déployées. Une soixantaine d'espèces originaires d'Asie tropicale et d'Océanie… Imprégnées du climat tropical dans lequel elles baignent, elles poussent à faible altitude (200 m à 400 m) dans la moiteur des forêts. Épiphytes, monopodiales à tige courte portant trois ou quatre feuilles épaisses, leur hampe florale tombante ou arquée porte une ou plusieurs fleurs généralement grandes, aux couleurs rose, jaune ou blanche.

La température :

Nos élégantes aiment faire salon. En effet, tout comme nous, leur température préférée se situe entre 18°C et 24°C. L'été, laissez faire la grosse chaleur… L'hiver, vous pourrez descendre de 5°C à 6°C, cela facilitera une nouvelle floraison. Ce procédé est systématisé par des professionnels qui font tomber la température jusqu'à 10 °C, afin de provoquer la formation des boutons floraux.

Ce Phalaenopsis equestris (ci-dessus) des Philipppines est à l'origine de nombreux hybrides. À gauche un hybride récent dont les couleurs sont encore assez rares en culture.

La lumière :

Comme beaucoup de leurs congénères, elles aiment la lumière (de 10 000 à 20 000 lux) mais il est bon de la tamiser pour favoriser l'épaisseur du feuillage. En automne, pleins feux, cela favorisera la floraison.

*L*e Phalaenopsis manii, dont les petites fleurs jaunes maculées de brun n'ont pas l'éclat de celles d'autres Phalaenopsis botaniques, est à l'origine d'hybrides récents à dominante jaune très recherchés par les amateurs.

Quelques espèces botaniques : ci-dessus Phalaenopsis stuartiana, en haut à droite P. amabilis, P. intermedia, ci-contre P. cornu-cervi et P. manii.

*L*es Phalaenopsis hybrides aux fleurs blanches ou roses sont les plus courants. On compte aujourd'hui plus de 5 000 variétés recensées. Leurs fleurs sont en général plus grandes que celles des espèces botaniques.

L'humidité et l'aération :

L'humidité devra être importante, leur habitat d'origine l'exige (70 % environ). Hygrométrie à respecter rigoureusement dans le mois qui suit le rempotage. Toutefois pas d'affolement, nombre d'amateurs ont vu leurs Phalænopsis fleurir dans des ambiances moins humides. Encore une complaisantc pour son propriétaire ! Une aération douce et permanente doit être maintenue. Et tout comme pour ses compagnes, pas de courants d'air froid !

Les arrosages et les engrais :

À l'instar des sabots de Vénus, les Phalænopsis ne possèdent pas d'organe de réserve. Ce qui signifie que vous devrez les arroser constamment en veillant à ce que le compost reste moite mais que l'eau ne stagne pas au cœur de la plante, cet excès étant la cause principale des échecs de culture.

Tous les quinze jours environ et surtout en période de croissance, nourrissez vos orchidées avec un engrais qui, pour les milieux à base d'écorce, sera de formule 30/10/10, et pour les autres 10/10/10 diluée.

Le rempotage :

Le rempotage s'effectue au printemps, tous les deux ans environ, dans un récipient de 5 cm à 8 cm de diamètre de plus que l'ancien. Comme pour les autres orchidées, prévoyez un bon drainage sur lequel vous étendrez votre compost. Arrosez, puis placez votre plante dans un endroit chaud et humide, et bassinez jusqu'à obtention des nouvelles racines.

*L*es horticulteurs produisent sans cesse de nouveaux cultivars. Les couleurs de leurs fleurs sont de plus en plus variées… rose, blanc… La couleur jaune est cependant bien moins répandue.

MULTIPLICATION ET HYBRIDATION

LE JEU ET L'ŒUVRE D'ART.

Vous voilà contaminé, voire pris au piège par le virus. Déjà, la culture de votre orchidée ne vous suffit plus. Les premiers mystères percés, vous voulez en connaître d'autres et multiplier vos plants… Donc, vous verrez très vite votre collection s'agrandir. Alors, horticulteur comblé, vous pourrez vous offrir le luxe de faire plus d'un heureux en échangeant ou en donnant les fruits de vos travaux.

Le rempotage comme moment idéal.

La reprise de la végétation va avoir lieu. Vos plants sont drus et sains. Vous vous apprêtez à effectuer un rempotage. Profitez de cette opération pour vous lancer dans celle de la multiplication.

Coelogyne cristata

Les sympodiales : divisez pour mieux multiplier.

Cette méthode, la plus simple à réaliser, consiste à fractionner, avec une lame de couteau préalablement stérilisée, le rhizome en segments d'au moins trois pseudo-bulbes. Coupez ensuite les parties mortes en faisant très attention à ne pas abîmer les jeunes racines avoisinantes. Pour ne pas exposer votre plante aux moisissures, traitez immédiatement les surfaces blessées avec une poudre fongicide. Rempotez, sans trop enfouir vos pseudo-bulbes, maintenez une atmosphère à humidité élevée et, enfin, n'arrosez parcimonieusement que trois ou quatre semaines après. Si vous possédez une orchidée sympodiale sans pseudo-bulbe, évitez de la diviser en plus de trois fragments. Le simple fait de la réduire à une seule tige pourrait lui être fatal.

Les coelogynes sont de belles orchidées faciles à cultiver. Spécialement le C. cristata qui vient du Nord de l'Inde. Il fleurit abondamment vers la fin de l'hiver s'il est cultivé dans une pièce lumineuse et fraîche. Il en existe une centaine d'espèces toutes asiatiques. L'une d'elles, C.massangea dégage une curieuse odeur de chien mouillé. La plus surprenante est certainement C. pandurata originaire de Bornéo, dont les fleurs sont vert pâle avec un labelle noir velouté. Cette dernière espèce exige un peu plus de chaleur, mais toutes apprécient une période de repos pour provoquer la floraison.

Coelogyne corymbosa

Coelogyne lentiginosa

Coelogyne elata

Coelogyne pandurata

Les monopodiales :
une division « aérienne ».

Beaucoup d'orchidées à croissance verticale se développent d'une manière telle, qu'il leur arrive parfois d'atteindre des dimensions incompatibles avec celles de votre appartement. Outre son aspect attractif, une division s'avère donc indispensable. Coupez l'extrémité de la tige, sous l'une des racines aériennes, d'un coup de sécateur bien net, puis plantez-la immédiatement dans un récipient rempli d'un compost « spécial orchidée » et le tour est joué ! La partie tronquée, quant à elle, produira ultérieurement de petites pousses que vous pourrez également utiliser au moment de l'apparition des racines. Laissez-lui-en une. Une fois développée, elle sera le meilleur stabilisateur de la plante mère.

LES KEIKIS OU LA DIVISION NATURELLE
Vous avez la chance de voir pousser sur votre orchidée une plante en réduction. C'est un keiki (« rejeton » en hawaïen) qu'il vous suffira de détacher pour le planter lorsqu'il sera suffisamment développé.

Les boutures
ou une propagation efficace.

Certaines orchidées comme les Dendrobium ou les Épidendrum possèdent des pseudo-bulbes fins et allongés. En tronçonnant l'un d'entre eux, vous pouvez obtenir autant de plantules que de morceaux si vous prenez la précaution de placer vos boutures à la chaleur et à l'humidité. Une fois les racines apparues, il ne vous reste plus qu'à les mettre en pot, dans de l'écorce finement broyée.

*A*vec près de 1 600 espèces les Dendrobium viennent en seconde position par le nombre après les Bulbophyllum. Orchidées essentiellement épiphytes, répandues de l'Himalaya au Japon jusqu'à l'Australie, les Dendrobium se sont remarquablement adaptés à leur environnement climatique. Dans la nature ils sont soumis à de sévères saisons sèches, durant lesquelles ils perdent leurs feuilles. Les réserves sont stockées dans des pseudo-bulbes allongés qu'on appelle des cannes. Ces tiges renflées peuvent atteindre chez certaines espèces plus d'un mètre de longueur. Les plantes dégarnies dont les cannes pendent vers le sol resemblent alors à des fagots de bois mort fixés aux branches et aux troncs des arbres. Au début de la saison des pluies, les cannes dénudées se couvrent littéralement de fleurs délicates.

Dendrobium pierardii

Dendrodium topazium

Dendrobium kingianum

Dendrobium secundum

Dendrobium draconis

Dendrobium nobile

Dendrobium shuetzei

Dendrobium huia

Dendrobium wattii

Dendrobium sutepense

Dendrobium glumaceum

Dendrobium brymerianum

Dendrobium farmeri   Dendrobium gratiocissinum   Dendrobium setipes

Dendrobium liliarecum

Dendrobium unicum

Dendrobium bellatum

*L*eur mode de culture diffère suivant leur origine. Grossièrement on en compte deux bien distincts. Un type à canne tendre comme le D. phalaenopsis (rien à voir avec les Phalaenopsis vus précédemment). Les premiers requièrent un milieu frais, les seconds beaucoup plus de chaleur. Tous deux exigent un repos très marqué durant l'hiver ainsi qu'une luminosité intense pour que les pseudo-bulbes arrivent à maturité et puissent produire des fleurs. Dès la floraison on augmente les arrosages. Pendant l'été, la période de croissance est à son maximum. Les plantes sont arrosées et aérées abondamment. À l'approche de l'hiver il faut réduire les arrosages pour préparer les plantes au repos. De nombreux hybrides ont été créés, mais la plupart des amateurs s'accordent à trouver les types botaniques bien plus beaux.

*L*es Epidendrum sont des espèces essentiellement américaines. On a recensé plus de mille espèces qui ont finalement été subdivisées dans différents genres très voisins : les Encycla et les Barkeria. Un des plus cultivés dans le monde est l'Epidendrum radicans ou E. ibaguense dont les grandes tiges (1,5 m) s'accrochent au tronc des arbres à l'aide de nombreuses racines aériennes. Leurs fleurs sont petites (2,5 cm) mais nombreuses, et sont réunies en épi au sommet des tiges. Elles sont jaunes, rouges, orangées ou magenta. Les Epidendrum aiment la fraîcheur et beaucoup de lumière. Ils poussent en pleine terre dans les jardins tropicaux. Ils n'ont besoin d'aucun repos et peuvent fleurir toute l'année. Les Epidendrum ciliare et ilense produisent de grandes fleurs d'aspect fantomatique.

Epidendrum schummanianum

Epidendrum radicans   E. pseudepidendrum

Epidendrum stamfordianum

Epidendrum radicans

Epidendrum ilense

Epidendrum ciliare

Décidément plus rien ne vous arrête. Non content de multiplier du déjà vu, vous voulez créer du nouveau. Vous décidez de vous lancer dans ce que l'on nommera « l'art de l'hybridation ». D'après Marcel Lecoufle, un des grands maîtres de cet art : « Un hybride est un sujet obtenu par le croisement entre deux plantes appartenant à des genres, espèces ou variétés différents mais faisant partie de la même famille. »

HYBRIDATION

Une hybridation réussie est comparable à une œuvre d'art et considérée comme une création.
André Bay

Petit historique de l'hybridation.

Ce fut Dame Nature qui créa les premiers hybrides. En 1853, l'homme entreprit de l'imiter, en la personne d'un chirurgien anglais, John Harris. Étudiant l'orchidée, il montra à un horticulteur des établissements Veitch, J. Dominy, la similitude entre pollinies et surface stigmatique d'une orchidée et pollen et stigmate d'une autre fleur. Il lui suggéra alors de tenter une expérience de croisement entre deux espèces. Dominy s'exécuta et en 1856 éclot une fleur mauve et blanche née d'une Calanthe masuca et d'une Calanthe furcata. Cette naissance fut le point de départ de tout un bouleversement dans la nomenclature des espèces et des hybrides naturels. Beaucoup d'horticulteurs virent en

*C*ette serre de professionnel présente une belle collection d'hybrides d'Odontoglossum.

cette technique, beaucoup moins coûteuse qu'une expédition, un moyen économique d'augmenter la variété de leur catalogue. Pourtant en 1890, 200 hybrides seulement étaient répertoriés. On maîtrisait mal la germination des graines. Aujourd'hui, bien que certains orchidophiles reconnaissent plus de charme aux espèces botaniques qu'à leurs hybrides, nombreux sont ceux qui, subjugués par l'attrait de la création, se lancent toutes éprouvettes dehors dans cette discipline.

La pollinisation manuelle.

Il s'agit de remplacer les insectes dans leur rôle naturel de pollinisateurs. Dans un premier temps, sélectionnez vos plantes. Après plusieurs jours de floraison, choisissez la plus petite fleur comme donneur de pollen et la plus grande comme receveur. Avec un mince bambou, taillé en biseau, enlevez l'anthère* (voir lexique) du sommet de la colonne de votre receveur pour retirer ses pollinies et, de la même manière, récupérez celles du donneur. Puis, très délicatement, afin de ne pas la blesser, déposez-les sur le stigmate de votre fleur. S'il s'agit d'un Paphiopedilum, vous devrez inciser la poche pour mettre à jour le stigmate. Veillez à ce que les pollinies adhèrent bien sur le stigmate avant de retirer

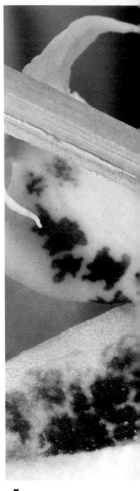

*L*a pollinisation d'une fleur de Phalaenopsis stuartiana est assez délicate. L'obtention d'hybride réussi l'est encore plus. Ici, pollinisation manuelle.

votre bambou. Dans les quelques jours
qui suivent, vous constaterez que votre
fleur fane et que l'ovaire grossit ;
l'opération est réussie.

*U*ne capsule de Dendrobium unicum attend sa maturation avant de se fendre et de libérer ses graines minuscules, toutes à la recherche du champignon qui leur permettra de germer.

Les ambitions à ne pas avoir.

Ensuite, il vous faudra prendre votre mal en patience et attendre de 4 mois à 14 mois avant que le fruit arrive à maturité. Et là ne criez pas encore victoire ! Attendez-vous à quelques déceptions. Il n'est pas rare que l'ovaire, bien que très développé en apparence, donne des graines stériles. Certains même n'en contiennent aucune. Pour réaliser une bonne hybridation, il est très important de prendre les « bons parents ». La non-fécondité provient souvent de plantes peu robustes, mais surtout d'une trop grande différence génétique. Par exemple, vous pourrez hybrider un Lælia avec un Cattleya, mais pas avec un Paphiopedilum. Toutefois, ne vous découragez pas si certains rêves ne se concrétisent pas, la majorité des autres se réaliseront. Avant tout, choisissez deux belles plantes que vous aimez et qui vous paraissent indiscutablement saines et robustes. De tout temps, l'amateur (autant que le professionnel) a prouvé dans ce domaine que le rêve est permis ! Soyez persévérant et surtout très patient ! Laissez libre cours à votre imagination. Variété de couleurs, de parfums, de formes ? Tout un monde nouveau s'offre à vous… Et pourquoi ne défieriez-vous pas le mythe ? L'orchidée noire reste à créer.

LA GRAINE

Les graines et leurs secrets.

Sa particularité : elle n'a pas de réserves. C'est un champignon qui, voulant la parasiter, lui fournit les éléments nutritifs nécessaires à sa croissance. Si le champignon est trop fort, il envahit totalement la graine et c'en est fini d'elle. Sinon, il se cantonne dans une portion de la graine qui ainsi profite de lui. En fournissant à la graine un milieu nutritif approprié, on peut l'affranchir de son champignon.

Tout a commencé quand un certain Noël Bernard, orchidophile impénitent, a montré le rôle du champignon dans la germination des graines. Il mit au point la méthode pour extraire le champignon des racines, la récolte des graines en conditions aseptiques et la culture en tube stérile.

Grâce à ses découvertes, largement appliquées depuis, vous allez pouvoir vous lancer dans le semis. Là aussi, patience et délicatesse ! Dès que votre capsule* (voir lexique) est mûre, frottez-la avec un peu d'alcool que vous enflammerez. Enfermez-la ensuite dans un tube de verre stérilisé ou dans un sac de polyéthylène. Le fruit libérera ainsi ses semences dans un milieu stérile. Examinez-les à la loupe. Si elles sont gonflées au milieu elles ont de grandes chances d'être bonnes. Vous allez devoir les semer immédiatement. Seuls des professionnels ou des amateurs très expérimentés peuvent se lancer dans la suite des opérations. Si vous voulez quand même tenter l'aventure, vos graines devront être semées dans un flacon absolument stérile contenant de l'agar-agar* (voir lexique). Vous trouverez ces flacons de semis dans le commerce. Par la suite, il vous faudra faire appel au savoir de confrères très qualifiés : les semis

demandent énormément de soins. Ne perdez pas courage et, dans quatre ans, peut-être sept, vous pourrez enfin contempler votre œuvre.

Les techniques de l'avenir.

Bien que l'art de l'hybridation prenne une ampleur considérable, beaucoup de croisements restent encore impossibles. Les scientifiques, par des techniques très sophistiquées de culture de cellules, font des tentatives de mariages impensables jusque-là. La « culture de méristèmes » est devenue la méthode moderne de multiplication de nos orchidées : en prélevant une petite partie de la plante que l'on veut multiplier, et en la cultivant sur un milieu et dans des conditions appropriés, on obtient en un temps record à partir de ce seul fragment un très grand nombre d'orchidées toutes identiques à la plante mère. Toujours grâce à cette technique très performante, on peut reproduire en série des plantes jugées très rares, et même les faire fleurir quand bon nous semble.

Si l'avenir se révèle riche de promesses, il est un peu triste de constater que bien des orchidophiles trop amoureux de leur création en oublient les espèces botaniques qui mériteraient d'être mieux connues.

LE BOTTIN MONDAIN DES HYBRIDES

Ce furent bien sûr les établissements Veitch qui répertorièrent les premiers hybrides. Puis, de 1895 à 1960, Sander & Fils s'y employèrent. À partir de cette date, c'est la Société royale d'horticulture de Londres qui perpétua ce travail. Aujourd'hui, plus de 100 hybrides par mois sont ainsi très officiellement enregistrés.

*A*ujourd'hui la plupart des plantes disponibles dans le commerce sont issues de culture de meristènes, ce qui a permis d'abaisser considérablement leur coût.

Laelia teriticaulis

Laelia harpophylla

*L*es Laelia originaires
d'Amérique tropicale
portent d'élégantes
fleurs qui sont très
employées pour
l'hybridation avec les
Cattleya.

Laelia flava

Cattleya skinneri

*L*es Cattleya représentent certainement le type même de l'orchidée voluptueuse et alanguie par la moiteur des tropiques. Certains, comme les Laelia, auxquels ils sont étroitement apparentés ont des fleurs d'une grande simplicité. Ils sont assez faciles à cultiver.

Cattleya intermedia

Cattleya hybride

Cattleya hybride « dark watters »

*L*es hybrides de Laelia cattleya et Brassavola donnent les fameux Brassolaeliocattleya. On peut les aimer pour leur somptuosité ou trouver leur beauté plutôt tapageuse dans cette débauche de pétales plissés et chiffonnés. Les couleurs rouges sont obtenues en hybridant des Laliocattleya avec des Sophronitis naturellement très rouges. Ils sont en général plus florifères et faciles à cultiver que les espèces botaniques.

Cattleya hybride

Claude Le Garrec est président d'« Orchidée 30 », association affiliée à la Fédération française des amateurs d'orchidées (FFAO). Il raconte comment est née sa passion pour les orchidées.

PROPOS D'UN AMATEUR PASSIONNÉ

« Au cours d'une promenade dans la garrigue, ma femme m'a montré une étrange petite fleur. De loin, elle m'apparut banale, mais de près une vraie merveille. Cette découverte devait petit à petit m'amener vers les orchidées tropicales. Tout d'abord, j'en achetai quelques-unes que je me mis à cultiver. Cela me valut quelques insuccès mais aussi et heureusement des succès, qui furent longs à venir. Fort de mes réussites, j'en ai acheté d'autres et je me suis dit : si on en vend, il doit y avoir des gens pour les acheter. Et ces gens qui les achètent, il serait intéressant de les regrouper. J'ai donc passé une annonce dans le magasin pour tenter de contacter quelques personnes. Ce fut le démarrage. Personne dans mon entourage ne pouvant me guider ou n'étant intéressé par ce hobby, je suis parti tout seul. Le fou chantant, quoi ! J'ai donc d'abord voulu regrouper des gens autour d'une passion. Ensuite, pour des raisons pratiques, financières (affiches, sorties, congrès), j'ai créé une association. Ma plus grande

Calanthe elmeri

Calanthe veratrifolia

Calanthe harishii

*L*es Calanthe comptent environ 150 espèces généralement terrestres. Elles proviennent d'Afrique australe, d'Asie et d'Amérique centrale. Leur feuillage peut être caduque ou persistant. Ces plantes sont assez faciles à cultiver dans un milieu chaud. Les espèces caduques demandent une période de repos. Leurs inflorescences comportent de nombreuses fleurs.

Renanthera inshootiana

Renanthera storieri

*L*es Rhenanthera sont
originaires d'Asie du
Sud-Est. Ce sont des
plantes de grande taille
exigeantes en lumière,
en chaleur et en
humidité, mais, ces
conditions satisfaites,
elles produisent entre
une vingtaine et une
centaine de fleurs d'un
rouge éclatant.

motivation a été et reste surtout la
découverte des plantes de la région.
Le plaisir des sorties botaniques dans
le coin, la perspective d'en faire un jour
à l'étranger…

La FFAO, fédération à laquelle nous
sommes affiliés, édite un bullctin très
important. On y passe des annonces,
des articles, on profite d'expériences
de culture d'autres personnes et c'est
très motivant.

Quant à mes propres cultures, je m'en
occupe… comme du lait sur le feu ! Le
plus possible. Cela demande beaucoup
d'attention, pas mal de temps aussi…
Chaque jour je les regarde, je vais voir
comment elles vont, comment elles se
comportent, si elles ont besoin d'eau,
d'engrais. Je passe un bon quart
d'heure à les observer, et un autre à
les arroser…

Dans l'appartement elles sont sous
deux formes : en liberté et en serre.
À l'extérieur, c'est la même chose.
Dehors, légèrement à l'ombre, j'ai mis
des Cymbidium et quelques
Dendrobium, qui ont besoin de
beaucoup de lumière et de fraîcheur
pendant la période automnale. La serre,
c'est pour la chaleur ; minimum 12°C la
nuit, une humidité assez importante,
une aération plus ou moins efficace
parce que l'étanchéité n'est pas parfaite
— et je ne tiens pas à ce qu'elle le soit :
cela permet une bonne circulation d'air.

En intérieur, mes plantes sont dans une atmosphère plus ou moins sèche, parce que mon appartement est sec, donc je pulvérise un peu plus ; mais elles ont une douceur, une régularité de climat qui leur convient à merveille. Celles de la serre d'intérieur ont une humidité importante avec à la fois une lumière naturelle et artificielle et une chaleur plus ou moins constante : entre 18°C et 25°C.

Il faut dire aux amateurs qu'on peut cultiver beaucoup d'espèces en intérieur ; à condition de contrôler le degré d'humidité. Tous les procédés sont bons. Nombreux humidificateurs de radiateur, serpillière sur les radiateurs, c'est mon « truc », enfin, tout ce qui fait de la vapeur. C'est très important, ne serait-ce que pour soi. Un air trop sec fragilise les muqueuses.

On peut faire beaucoup de choses soi-même pour les orchidées : une serre par exemple. Celle d'intérieur, je l'ai construite avec du bois, de la résine, de la fibre de verre, du verre, de la peinture, un certain temps et… un peu d'ingéniosité. Quant aux composts, je les fais également moi-même : j'utilise le standard, mais en diminuant la quantité de tourbe. Généralement, c'est un tiers de chaque : tourbe, polystyrène, écorce de pin. Je diminue la tourbe, parce que lorsque l'on a tendance à avoir la main un peu lourde

Les Miltonia sont cultivés depuis longtemps pour leurs fleurs plates qui les ont fait appeler « orchidées-pensées ». Celles-ci dégagent souvent un parfum agréable. Les Miltonia sont tous originaires d'Amérique du Sud et sont apparentés aux Odontoglossum avec lesquels on a réalisé de nombreux hybrides. Ces hybrides fleurissent presque à n'importe quelle époque de l'année.

Miltonia hybride

3 Miltonia hybrides, en bas à gauche Odontonia (Odontoglossum X Miltonia).

à l'arrosage, cela fait des dégâts au niveau des racines.

À un nouvel adepte, je donnerais quelques conseils simples : commencer par les espèces faciles ; c'est-à-dire, pour ceux qui ont un jardin : le genre Cymbidium, les Dendrobium aussi mais pas n'importe lesquels, le nobile par exemple. Pour ceux qui ont seulement un appartement, les Paphiopedilum et deux genres très simples à cultiver : les Cattleya hybrides ou les Phalænopsis hybrides. Encore qu'un Cattleya demande impérativement 12 heures de jour et 12 heures de nuit en septembre-octobre. Et surtout, je leur dirais d'essayer de rencontrer le plus d'amateurs possible, pour partager découvertes et passions.

Mon orchidée préférée ? Toutes ! Toutefois mon goût a évolué… Aujourd'hui, j'opterais plutôt pour les petites fleurs. Elles ne tiennent pas beaucoup de place, mais sont d'une structure, je dirais même d'une sculpture nettement plus intéressante que les grandes que l'on trouve dans le commerce. Par exemple : Cyrrhopetalum medusæ… blanc, légèrement ponctué de taches pourpres. Hirsute, un peu comme une méduse… une touffe avec de longs filaments qui pendent. Superbe. Magique ! »

UNE ORCHIDÉE À LA BOUTONNIÈRE

Pour robe du soir, un petit air de fête… Vous pouvez en un rien de temps vous la confectionner. Tout d'abord, procurez-vous les éléments indispensables : l'orchidée évidemment, un feuillage, un fil de cuivre et un ruban « spécial fleuriste ». Entourez la tige de votre fleur et celles de votre feuillage d'un fil de cuivre bien serré. Recouvrez ensuite chaque tige de ruban. L'opération finale consiste à assembler harmonieusement fleur et feuillage, à tordre les tiges ensemble, à les recouvrir d'un ultime ruban adhésif, et voilà… Bonne soirée !

Brassia lawrenceana

*T*rès spectaculaires, les Brassia, avec leurs pétales filiformes, sont surnommés orchidées-araignées. Répandues des Antilles à l'Amérique du Sud, ces épiphytcs de culture facile se développent bien sur le rebord d'une fenêtre car il leur faut une lumière abondante.

Vanda coerulescens

*L*es Vanda sont des orchidées monopodiales dont les 80 espèces se répartissent de la Chine à l'Australie. Une de leurs grandes qualités est leur floraison abondante. Une seule hampe florale peut donner plus de 50 fleurs. À part le V. ceruleans, originaire de l'Inde, qui aime une température modérée, tous les Vanda apprécient la chaleur. Tous sans exception ont besoin d'une abondante lumière solaire.

Vanda tricolor

Vanda hybride

OR, ARGENT, BRONZE : DES PRIX ET DES MÉDAILLES

Différentes catégories d'orchidées, botaniques, hybrides, clones* (voir lexique) participent à des concours. Le plus ancien jury : la Royal Horticultural Society (RHS). La distinction la plus élevée : le First Class Society (FCC), donnée aux plus fabuleuses. Le Award of Merit (AM) gratifie les plus « méritantes ». Le High Commended Certificate (HCC) récompense les plantes de grande qualité. D'autres jurys adoptent la classification or, argent, bronze. Enfin, le Certificate of Culture Commended (CCC) récompense une année de culture jugée parfaite. L'abréviation de la distinction suit alors le nom de la fleur primée.

LEXIQUE

■ Adventives (racines) :
Celles qui prennent naissance sur la partie aérienne de la plante.

■ Agar-agar :
Ou gélose, extrait d'algues formant une sorte de gelée qui sert de milieu de culture mais s'utilise aussi dans des préparations culinaires.

■ Anthère :
Petit sac contenant le pollen.

■ Biotope :
Les conditions physico-chimiques (température, luminosité, etc.) et le support (eau, sol, etc.) qui forment le milieu de vie des êtres vivants.

■ Capsule :
Il existe plusieurs types de fruits : baies, drupes, gousses, etc. Les fruits des orchidées sont des capsules, c'est-à-dire des fruits secs, déhiscents (s'ouvrant à maturité) qui résultent de la soudure de plusieurs carpelles.

■ Clone :
Ensemble d'individus génétiquement identiques, obtenus par multiplication végétative.

■ Compost :
Milieu de culture constitué d'éléments organiques et minéraux.

■ Gro-Lux :
Tube fluorescent qui produit une lumière riche en radiations rouges et bleues, favorables à la croissance des plantes.

■ Hybride :
Résultat du croisement entre deux espèces distinctes.

■ Lux :
Le plein soleil correspond à 100 000 lux.

■ Rhizome :
Tige souterraine, qui n'a pas la fonction d'absorption des racines.

■ Sphaigne :
Mousses vivant dans les marais et dont la décomposition donne la tourbe.

ADRESSES UTILES

Vous voulez voir des orchidées, acheter celle de vos rêves, rencontrer des producteurs... Ne vous contentez pas du fleuriste du coin. Possesseur de quelques hybrides, il vous sera bien sûr utile, mais si voulez plus de variétés ou si vous envisagez la culture de quelques botaniques, ou tout simplement pour le plaisir de l'œil, dirigez-vous vers des spécialistes qui sauront vous conseiller :

BOUTIQUES

ÈVE
13, quai de Grenelle, 75015 Paris.

CHARLANE
29, rue du Roi-de-Sicile, 75004 Paris.

DESPALLES
76, boulevard Saint-Germain, 75005 Paris.

LES SERRES DU CENTRE POMPIDOU
43, rue Rambuteau, 75004 Paris.

MIGUEL ALLARD
44, avenue de la Porte-d'Ivry, 75013 Paris.

LE JARDIN MINIATURE
5 bis, rue du Rocher, 75008 Paris.
et serre-exposition,
45, chemin des Bretoux, 95320 Saint-Leu-la-Forêt.

BOUTIQUE VILMORIN
4, quai de la Mégisserie, 75001 Paris.

---

36 15
SPÉCIAL ORCHIDÉE
Vous voulez acheter, vendre des orchidées ?
Composez alors sur minitel le code 36 15 ACHAVENTE...

PRODUCTEURS FRANÇAIS

Éts MARCEL LECOUFLE
5, rue de Paris, 94470 Boissy-Saint-Léger.
Spécialité : les botaniques malgaches, une très grande collection de botaniques et d'hybrides.

Éts VACHEROT-LECOUFLE
La Tuilerie, 30, rue de Valenton, 94470 Boissy-Saint-Léger.

EXOFLEUR
31700 Cornebarrieu (Haute-Garonne).
Spécialité : plantes en pots, fleurs coupées et grand choix de botaniques.

JEAN GAIGNARD
Chemin de la Gladière, 49130 Les Ponts-de-Cé.

LES ORCHIDÉES DE MICHEL VACHEROT
La Baume, 83520 Roquebrune-sur-Argens.
Spécialité : les hybrides.

HORTICULTEUR GHISLAINE BARRÈRE
Les Quatre-Coins, Beaumont-sur-Lèze, 31190 Auterive.

PROVENCE ORCHIDÉES
Route de Maillande, 13570 Barbentane.

PRODUCTEURS ÉTRANGERS

BELGIQUE

AKERNE ORCHIDS
Laarsembeekdrees, 4, B-2120 Schoten.

GRANDE-BRETAGNE

KEITH ANDREW ORCHIDS
Plush, Dorchester, Dorset.

BURHAM NURSERIES Ltd
Kingsteighton, Newton Abbot, Devon.

MANSELL & HATCHER Ltd
Rawdon, Leeds, Yorkshire.

RATCLIFFE ORCHIDS Ltd
Chilton, Didcot, Oxfordshire.

WYLD COURT ORCHIDS
Hampstead Norreys, Newbury, Berkshire.

PAYS-BAS

FLORICULTURA
Haarlem.

MICHEL PAUL
Emmastraat 14, 1432 Ex Aalsmeer.

ORCHIDEEN WUBBEN
Tolakkerweg 162, 3739 JT, Holl. Rading.

ASSOCIATIONS

Si vous voulez tout savoir sur l'orchidée, comment apprendre à la soigner, à la multiplier, connaître tous les secrets de l'hybridation, rencontrer les personnalités de ce monde fascinant, notez ces quelques bonnes adresses :

SOCIÉTÉ FRANÇAISE D'ORCHIDOPHILIE (SFO)
84, rue de Grenelle, 75007 Paris.

ASSOCIATION FRANÇAISE D'ORCHIDOLOGIE (AFO)
11, avenue de la Sœur-Rosalie, 75013 Paris.

ASSOCIATION DES ORCHIDOPHILES ET DES ÉPIPHYTOPHILES DE FRANCE (AOEF)
« La Ray-Guette », quartier Gajessa, 06500 Sainte-Agnès.

FÉDÉRATION FRANÇAISE DES AMATEURS D'ORCHIDÉES (FFO)
Mairie d'Eaubonne, 95600 Eaubonne.

Cette association regroupe un grand nombre de sections réparties dans la France entière, dont :

ORCHIDÉES 30
518, rue de la Prairie, 30100 Alès.

ORCHIDÉES 75
95, rue de la Santé, 75013 Paris.

ORCHIDÉES 78
55, rue Louis-Gandillat, 78420 Carrières-sur-Seine.

ORCHIDÉES 95
30, rue Rouget-de-Lisle, 95390 Saint-Prix.

BIBLIOGRAPHIE

Désireux de vous plonger à fond dans la littérature « orchidophilienne », vous voilà en quête de quelques bons ouvrages qui, tout en étant des plus instructifs, ne rebuteront pas l'amateur que vous êtes.

Orchidées : démons et merveilles, **par Takashi Kijima (éd. Solar). Des photos plus fascinantes les unes que les autres.**

L'Orchidée, **par Anne Baille, (C.I.L. Vie pratique/jardinage). Le manuel du débutant.**

Les Orchidées, **par Brian Williams et Jack Kramer (éd. Solar). Un ouvrage très beau, très complet. À lire absolument.**

Les Orchidées, **par Alice Skelsey (éd. Time Life). Une édition passionnante, un écrivain passionné.**

Les Orchidées exotiques, **par Marcel Lecoufle (éd. La Maison rustique). Un monument d'érudition. On ne saurait s'en passer.**

Orchidées exotiques, **par A. Zimmermann et R. Dougoud (éd. Delachaux & Niestlé, Neuchâtel). Tout sur l'origine et l'histoire de l'orchidée.**

Les Orchidées, **par Patrick Mioulane (Rustica). Culture des orchidées dites faciles. Pour débutants…**

Le Monde fascinant des orchidées, L'Ami des jardins, numéro hors série. Hors série aussi, ce manuel très bien conçu...

Orchidées, par Maurice Vacherot (éd. J.-B. Baillière et Fils). Un charme tout exotique.

Les Orchidées sauvages de France et d'Europe, par J. Landwehr (Suisse). Deux gros volumes aux planches admirables.

Orchidées d'Europe, par E. et H. Danesch (éd. Payot, Lausanne). Une vision très concise de nos européennes.

Orchidées de culture, par Helmut Bechtel (éd. Payot, Lausanne). Un petit manuel qui nous entraîne loin...

Guide des orchidées d'Europe, d'Afrique du Nord et du Proche-Orient (éd. Delachaux & Niestlé). Un envoûtement pictural. 68 planches illustrant 245 espèces, sous-espèces et variétés.

Guide des orchidées d'Europe dans leur milieu naturel, par Pierre Delforge et Daniel Tyteca (éd. Duculot). Génial !

L'Énigme orchidée, par André Bay (éd. Régine Deforges). Érudit, sensuel, magique... Un livre que tout auteur souhaite avoir écrit.

Un Phalaenopsis hybride

Si vous voulez aller au fond des choses et si vous pratiquez la langue de Shakespeare, voici deux ouvrages de référence :

Encyclopædia of cultivated orchids, par Alex D. Hawkes (éd. Faber and Faber).

Manual of cultivated orchids species, par Bechtel, Gripp et Laumert (éd. Blandsort Press).

Enfin, vous ferez connaissance du monde de l'orchidophilie en lisant les revues :

REVUES

Enfin, vous ferez connaissance du monde de l'orchidophilie en lisant les revues :

L'Orchidée (FFAO, hôtel de ville, 95600 Eaubonne).

L'Orchidophilie (SFO, 84, rue de Grenelle, 75007 Paris).

American Orchid Society Bulletin (AOS, Inc. Editorial Office, 84 Sheramn Street, Cambridge, Massachusetts, 02140, United States).

Photos Paul Starosta et Explorer Archives pages 6, 8, 18, 19.
Maquette Brigitte et François Bernard.

J'ai lu la vie !
© **Éditions J'ai lu 1989**
27, rue Cassette
75006 Paris

Imprimé en France

le 1er Septembre 1989
Dépôt légal Octobre 1989
ISBN 2-277-380 16-4
Diffusion France et étranger Flammarion